치과위생사의 보험 청구로
돈 버는 기술

치과위생사의 보험 청구로 돈 버는 기술

숨은 보험금까지 찾아내는 실전 노하우

저자소개

신해청 보험심사평가사

- 현) 어센틱금융그룹 보험심사평가사 1급 보험설계사
- 현) 메덴코어 치과컨설팅 대표
- 현) 치과건강보험 청구사 및 사보험 강사
- 현) 초등학교 구강보건교육 강사
- 전) 호주케언즈 periodontic assistant 근무
- 전) 호주케언즈 공항 근무
- 전) 미국 BTY Dental 인턴
- 전) ISDH 영어통역서포터즈
- 전) 나래의료재단 나래치과 상담실장

   신해청 저자는 치과보험 분야에서 폭넓은 경력을 보유한 전문가입니다. 호주 케언즈에서 치주과 어시스턴트와 공항 근무를 경험하였으며, 미국 BTY Dental에서 인턴으로 활동했습니다. 또한, ISDH 영어 통역 서포터즈와 나래의료재단 상담실장을 역임하며 의료 및 상담 역량을 다져 왔습니다.

   현재는 초등학교 구강보건교육 강사로서 어린이들에게 구강 건강의 중요성을 알리고 있으며, 치과사보험 컨설팅과 교육, 치과건강보험 청구사로서 전문성을 발휘하고 있습니다. 어센틱금융그룹의 보험심사평가사 1급 자격을 바탕으로 심사와 평가 분야에서 활발히 활동하며, 보험 및 치과 관련 지식을 널리 전파하고 있습니다.

목차

저자소개 · 005
목차 · 006

1부 보험청구의 시작
: 돈이 흐르는 길을 이해하라

보험금 청구란 무엇인가? · 014
치과뿐 아니라 의료 전반에서 활용 가능한 보험 구조 · 019
보험회사 vs 소비자 청구과정에서 시각 차이 · 028

2부 치과 보험청구로 최대한 돈 버는 방법

실손보험으로 치과 치료비 돌려 받는 비법 · 036
치과치료별 청구 가능한 보험 혜택 완전 정복 · 040
치과 청구에서 흔히 발생하는 실수와 이를 피하는 방법 · 045

3부 일반 보험청구도 돈이 된다
: 치과를 넘어선 활용법

계속 받을 수 있는 수술비를 준비하라 · 058
실비는 전환해야 할까, 유지해야 할까 · 060
일상에서 받을 수 있는 보험 항목들 · 062

4부 보험청구의 숨겨진 혜택 찾기
: 우리가 놓치고 있는 것들

보험 약관 속 숨겨진 보장 찾아내기 · 066
숨겨진 보험금 청구 방법 · 075
사고, 질병, 비급여 항목까지 전방위 활용법 · 086

5부 모·지·불
: 돈을 모으고 지키고 불리는 기술

보험으로 돈을 모으는 방법 · 100
· 보험료 원가로 가입하는 방법
· 보험을 직업으로 가져보는 것 : N잡 시도

보험으로 돈을 지키는 방법 · 106
· 열심히 번 돈, 아팠을 때 사라지지 않도록

보험으로 돈을 불리는 방법 · 110
· 건강과 재정을 관리하는 보험활용
· 개인연금저축과 IRP의 이해
· 은행적금과 단기납종신 보험의 비교 분석

6부 보험금 청구하기
: 보험의 꽃은 보상이다

보험금청구 어떻게 시작할까? · 126
주요 보험금 청구 · 131
· 질병보험·상해보험금 청구
· 운전자보험 보험금 청구
· 간병보험보험금 청구
· 후유장해 보험금 청구
· 배상책임보험 보험금 청구
청구 후 꼭 알아야 할 것들 · 145
보험금 청구 가이드 · 152

부록

· 실손의료비보험 변천사 · 162
· 운전자보험 변천사 · 166
· 암보험 변천사 · 170
· 종신보험 변천사 · 174
· 뇌혈관질환보험 보장범위 · 178
· 심장혈관질환보험 보장범위 · 179
· 암 질병코드 및 진단비 분류 · 180
· 후유장해 이해 · 181

1

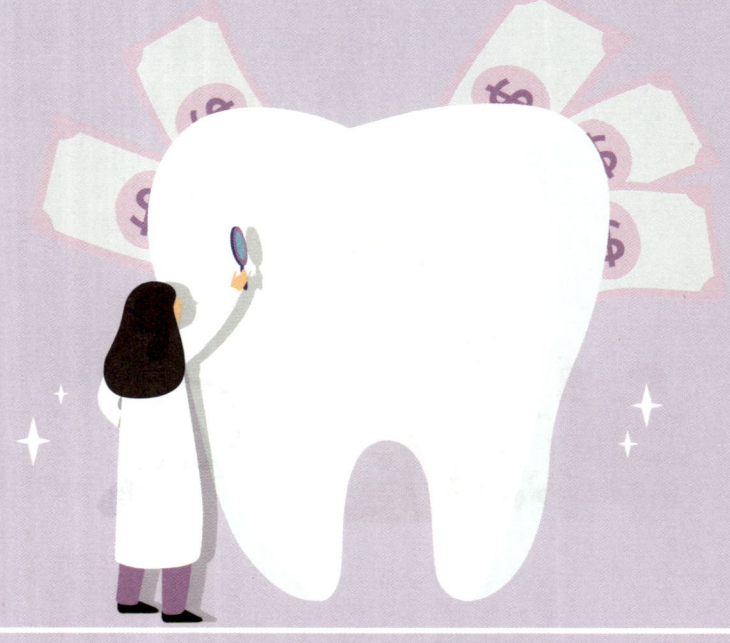

보험청구의 시작

: 돈이 흐르는 길을 이해하라

세상을 살아갈 때 누군가는 사고를 당할 수 있고 누군가는 갑자기 질병에 걸려 일상생활을 못 할 수 있다. 아픈 것도 서러운데 돈이 없어서 치료받을 수 없는 그 아픔이 싫기에 다들 그 불안한 미래에 대비를 하려 한다. 내가 아파 병원에 갔을 때 내가 가입한 보험에서 병원비를 대신해 주겠지 하며 그런 기대로 보험에 가입하게 된다.

　하지만 막상 아팠을 때 내가 받을 수 있는 보험료가 없다면 어떻게 할 것인가? 심지어 싼 보험료도 아니고 비싸게 보험료를 꼬박꼬박 냈었는데 내가 아파서 병원에 치료를 했더니 실비 빼고는 나오는 게 없다. 그렇게 보험에 당한 사람들은 보험은 다 사기니 가입하지 않겠다 하며 다 해지해버린다. 또한 주변에 그런 얘기를 들은 사람들 중에 불안감 속에 내가 없는 보장을 계속해서 채워 넣다 월급의 절반까지도 보험료에 납부하는 사람들이 있다.

예시 1. CI 보험 가입자 → 중대한 질병 → 아픈데도 못 받음 (비싼 사망보험금인지 몰랐음)
　　　2. 급성심근경색(말기에만 가입) 되어있어 허혈성으로 진단받았으나 못 받음

이런 문제점의 공통점은 일반 사람들에게 이해하기 어려운 보장내용이다. 보험에는 여러 가지 보장들과 특약들이 존재하는데 이런 내용들을 제대로 알고 가입해야 한다. 물론 보험설계사가 공부하여 고객에게 제대로 알려주고 관리해 주는 게 최고의 방법이지만 그렇지 못하다면 이 책을 통하여 나의 재산 중 하나인 보험을 공부하여 제대로 가입해야 나중에 아팠을 때 보험료를 받지 못하는 피해를 막을 수 있다. 보험은 매번 바뀌는데 어떻게 일반인이 매번 공부할 수 있냐 질문할 수 있지만 보험의 기본적인 틀은 변하지 않는다. 기본적인 틀을 알고 매번 매번 바뀌는 약관은 그때그때 찾아보면 된다. 그럼 지금부터 하나하나 같이 공부해 보도록 하자.

지금 내 보험료가 한 달에 얼마인지 알고 있는지? 내 보험의 총 보험료가 얼마인지 아는지? 아팠을 때 얼마 받는지 알고 있는가?를 점검해 봐야 한다. 그렇게 다 점검하고 난 뒤 천천히 뒤에 내용을 읽어보며 기초적인 단어와 내용들을 배워보도록 하자.

[보험 점검 3가지 핵심 질문]

보험료
- ☑ 지금 내 보험료가 한 달에 얼마인지 알고 있는가?
- ☑ 내 보험의 총 보험료는 얼마인가?

보장 내용
- ☑ 아팠을 때 받을 수 있는 보험금은 얼마인가?

보험금 청구란 무엇인가?

보험 청구는 보험 가입자가 약관에 명시된 보장 사유(질병, 사고 등)로 인해 발생한 손해를 보전받기 위해 보험사에 보상금을 요청하는 절차를 말한다.

이는 보험 가입자가 약속된 보장을 받는 가장 중요한 단계로, 이를 제대로 이해하고 준비하면 필요할 때 신속하고 정확하게 보상받을 수 있다.

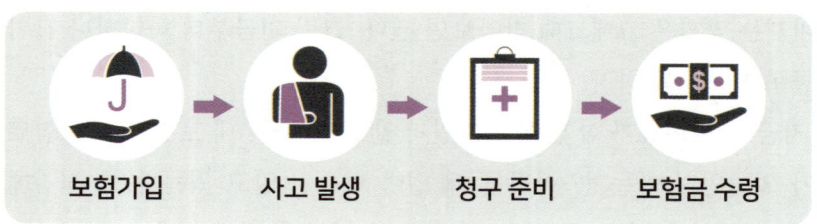

보험금 청구는 누가 할 수 있나?

보험 청구 시 계약자, 피보험자, 수익자 간의 관계는 매우 중요하다.

· 계약자: 보험료를 납부하며 계약을 체결한 사람으로, 보험의 소유자다.

· 피보험자: 보험의 보장 대상자로, 사고나 질병 등의 보장 사유가 발생하는 인물이다.

· 수익자: 보험금 지급을 받을 권리가 있는 사람으로, 계약자가 지정한다.

예시) 계약자가 A, 피보험자가 B, 수익자가 C인 경우, B가 사고로 보장 사유가 발생하면 보험금은 C에게 지급된다.

이 관계를 명확히 설정하지 않으면 청구 과정에서 분쟁이 생길 수 있다. 특히 생명보험처럼 큰 금액이 지급되는 경우, 수익자의 지정이 정확히 되어 있어야 원활한 청구가 가능하다. 보험금 청구 시, 보험사와 보험상품에 따라 계약자, 피보험자, 수익자 서명을 받는 내용이 다를 수 있다.

- 손해보험 상품: 계약자와 피보험자 서명을 하면 보장을 받을 수 있다.
- 생명보험 상품: 보험금이 큰 경우, 피보험자와 수익자 서명이 필요할 수 있다.

보장기간과 면책기간을 이해하자

보험금 청구에서 보장기간과 면책기간은 보험금 지급 여부를 결정하는 중요한 요소다. 이를 이해하면 보험계약의 효력을 보다 명확히 파악할 수 있다.

보장기간

보장기간은 보험사가 피보험자에게 약속한 보장을 제공하는 기간을 뜻한다. 이 기간 동안 보험사고(질병, 사고, 사망 등)가 발생하면 약관에 따라 보험금이 지급된다. 보장기간은 계약 시 명확히 정해지며, 일반적으로 특정 연령(예: 100세 만기)이나 특정 기간(예: 20년 만기)까지 설정된다. 보장기간이 끝난 이후에는 보험 혜택을 받을 수 없으므로, 보험 가입 시 자신의 필요에 맞는 보장기간을 선택하는 것이 중요하다.

또한, 보장기간 내에 사고가 발생했다면 보험계약이 실효되거나 해지되었더라도 보험금 청구권은 사고 발생일로부터 3년 이내까지 유효하다. 이는 계약이 종료되었더라도 보장기간 중 발생한 사고에 대한 권리를 보호받을 수 있도록 한 법적 권리다.

면책기간

면책기간은 보험사고가 발생하더라도 보험사가 일정 기간 동안 보장을 하지 않는 기간을 의미한다. 이는 보험사가 위험을 관리하기 위해 설정한 제도로, 일반적으로 계약 초기의 단기적인 사고나 질병에 대한 보장을 제한한다. 면책기간은 보험의 종류와 약관에 따라 다르며, 예를 들어 암보험의 경우 가입 후 90일 동안 암 진단에 대해 보험금이 지급되지 않는 경우가 많다. 이 기간 동안 발생한 사고나 질병은 보장 대상에서 제외된다.

면책기간이 지난 후에는 보장기간 내 발생한 보험사고에 대해 청구가 가능하다. 따라서 보험 가입 시 보장기간과 면책기간을 명확히 확인하고, 필요하다면 면책기간 동안의 대안을 마련하는 것이 중요하다. 이를 통해 보험금 청구 시 예상치 못한 불이익을 최소화할 수 있다. 또한, 보장기간 중 사고 발생 시 보험금 청구 가능 기간인 3년을 숙지하여 청구 기회를 놓치지 않도록 해야 한다.

보험 가입 후 3년이 지나도 보험금 청구가 가능하다. 시간이 지나더라도 포기하지 말고 청구하면 숨겨진 보험금을 받을 수 있다.

고지의무가 보험금청구가 중요한 이유가 무엇일까?

보험금 청구와 고지의무는 밀접한 관계를 가진다.

고지의무

고지의무란 보험 가입 시 계약자가 자신의 건강 상태, 직업, 과거 병력 등 중요한 사실을 보험사에 정확히 알리는 책임을 의미한다. 이는 보험사가 위험을 평가하고 보험료를 책정하는 데 필수적인 요소다.

보험금 청구 시, 계약자가 고지의무를 제대로 이행하지 않았을 경우 문제가 발생할 수 있다. 예를 들어, 과거 병력을 고의로 누락하거나 부정확하게 알린 경우, 보험사는 이를 이유로 보험금 지급을 거절하거나 계약 자체를 무효화할 수 있다. 이는 보험 약관에 명시된 합법적인 권리다.

따라서 보험금을 원활히 청구하고 보장을 받기 위해서는 가입 단계에서 고지의무를 성실히 이행하는 것이 중요하다. 정확한 정보를 제공하면 청구 과정에서 불필요한 분쟁을 예방할 수 있다. 고지의무는 보험 계약의 신뢰를 유지하는 핵심적인 요소다.

고지 의무 이행 시 중요한 사항

건강 상태 / 직업 / 과거 병력

보험금 청구 시 보상금액은 어떻게 결정되나요?

보험금은 보험금 청구 시 약관에 따라 정액보상과 실손보상의 형태로 지급된다.

정액보상

- 보험사고 발생 시 약정된 금액을 고정적으로 지급
- **예시)** 암 진단비 1,000만 원이 설정된 경우, 실제 치료비와 관계없이 1,000만 원 지급
- **특징)** 사전에 계획하고 활용하기에 용이

실손보상

- 실제 발생한 손실 금액을 기준으로 지급
- **예시)** 의료 실비보험에서 병원비나 약값 중 본인부담금(공제액)을 제외한 금액 지급
- **특징)** 실제 비용을 보전하며 청구 시 영수증 등 증빙서류 필요

정액보상은 금액이 고정돼 있고, 실손보상은 실제 지출에 따라 달라지므로 두 방식의 차이를 이해하고 활용하는 것이 중요하다.

치과뿐 아니라 의료 전반에서 활용 가능한 보험 구조

 우리가 알고 있는 특정한 보험사들의 구조는 일반적으로 보험의 원가를 계산하는 계리사, 그것을 상품으로 만드는 상품팀, 상품을 교육하는 교육팀, 교육을 받고 나가서 고객에게 보험을 판매하는 판매팀(설계 및 판매), 고객이 청구를 하면 보상을 해주는 보상팀, 그리고 고객 상담 및 서비스 지원을 하는 콜센터가 있다.

[보험사의 핵심 구조]

 이 구조가 보험사에서 월급을 받으며 일하는 구조이며, 이 구조 안에는 고객들이 모르는 비밀이 있다. 우리가 보험을 가입한 후 일정한 시간이 지나고 보험사에 청구할 일이 생길 때 큰돈을 지급하게 되거나, 가입한 지 얼마 지나지 않았을 경우 손해사정사가 파견된다. 내가 보험 가입할 때 고지 의무가 있었는지 없었는지를 알아보러 나오는 것이다.

 고지 의무가 위반되었을 땐 보험금을 주지 않고, 더 나아가 강제 해지까지 당할 수 있다. 보상팀은 이처럼 고객들에게 돈을 주지 않기 위해 노력해야만 하며, 5천만 원 줄 것을 1천만 원으로 깎거나 아예 지급하지 않으면 인센티브를 받거나 승진에 도움이 되는 구조이다.

보상팀에서 일하는 사람들도 그들에게 돈을 그냥 주고 싶지만, 돈을 쉽게 줬다가는 회사로부터 소명하라는 자료를 제출하라는 요청이 있기에 그들도 회사를 위해 열심히 일해야 한다.

콜센터는 고객 상담을 하며 고객 지원을 하는데, 해지를 해야 할 때 해지팀은 해지를 많이 방어하게 되면 높은 점수를 받게 된다.

설계사는 내가 가입시킨 고객이 가입한 지 얼마 되지 않아 많은 청구금액을 받아가게 되면 '고손해율 설계사'로 보험사에 찍히게 되어 코드가 막히게 된다. 코드가 막힌다는 소리는 나에게 보험을 팔아오지 못하게 한다는 것인데, 한 보험사에서 일하는 사람이라면 코드가 막히면 그달에 보험을 모집할 수 없어 월급을 받기 힘들어진다. 그래서 설계사들도 고손해율 설계사가 되지 않기 위해 고객에게 청구에 유리한 보험보다는 좀 더 방어적으로 일하게 될 수 있다.

따라서 특정 보험사에서 일하는 설계에게 맡겼을 땐, 내 보험을 잘 관리하며 청구해 줄 수 있는 관리자인지 잘 선택해야 한다.

또한, 갱신형과 비갱신형 보험의 가격 차이도 꼼꼼히 살펴보자.

갱신 vs 비갱신

우리가 보험을 가입하는 목적을 봐야 한다. 우리는 보험에 왜 가입을 하는가? 보험료는 적게 내고 보장을 많이 받기 위해 가입하는 것이 아닌가? 그런데 우리나라 보험은 보험사들의 마케팅으로 인해 '오르지 않는' 이 문구를 넣어 마음에 안정을 주어 비갱신을 좋게끔 이야기한다.

하지만 20년 납입 보험을 실제로 20년 유지하는 사람은 5%에 불과하다. 대부분은 보장이 부족하거나, 새로운 특약이 나오거나, 보험 혜택을 체감하지 못하는 등의 이유로 중도 해지한다.

비갱신 같은 경우는 금액이 높게 설정되어 20년을 내기 때문에 5년 또는 10년을 내다 해지해도 보험사는 전혀 손해가 아니다. 이미 돈도 보험사에 많이 냈기도 했고 질병에 걸렸어도 비갱신으로 가져가는 사람들은 보험료는 많이 내고 보장이 약하기 때문에 보험사가 유리한 보험이다. 반면에 갱신은 20년 갱신으로 가져가는데 보험료가 저렴하게 시작이 되며 20년을 가져가고 보장은 많아진다. 그 안에 질병에 걸리게 되면 보험료를 적게 낸 사람에게 보험금을 많이 지급하기 때문에 보험사 손해율이 높아질 수밖에 없다. 물론 비보험과 갱신 금액은 얼마 차이가 안 나면 비갱신이 좋을 수 있다. 비갱신이 나쁘다 비난하는 게 아니라 보험료를 비싸게 내지 말라는 거다.

갱신이 그럼 20년 뒤에 많이 오르지 않을까 생각을 한다. 그 생각은 지금 우리의 1,2세대 실비가 큰 범위로 오르기 때문에 그런 겁을 지레

먹게 되지만 우리의 20년 뒤 갱신은 지금의 실비처럼 큰 폭으로 오르지 못한다. 실비는 갱신을 계산하는 방법이 다르다. 그때의 물가에 맞게 오를 것이다.

30세 남자의 암 5천만 원 보험이 비갱신으로 6~7만 원이라 했을 때 갱신으로 하면 얼마일 거 같은지 마음속으로 생각해 보자.

보통 여기서 대답은 50%인 3만 원~3만 5천 원을 얘기한다. 하지만 갱신으로 가져갔을 때 9천 원~1만 원 선이라 생각하면 된다. 이런 식으로 금액이 차이가 나는데 갱신으로 가져갈 때와 비갱신으로 가져갈 때 차이를 알려주지 않는다.

비싼 돈을 내고 보장이 적은 비갱신형 보험을 유지하는 것이 좋을까, 아니면 저렴한 비용으로 충분한 보장을 받는 것이 나을까? 예를 들어, 총 5천만 원을 낸 보험인데 암 진단금이 3천만 원뿐이라면 얼마나 안타까운 일일까. 게다가 암에 걸릴지조차 모르는 상황에서, 걸린다 해도 본전이 안 되는 경우도 많다. 미래가 걱정된다면, 불확실한 질병에 과도한 보험료를 지출하기보다 절약한 돈을 저축하거나 투자해 내 자본금을 높이는 걸 추천한다.

화폐가치는 날이 갈수록 낮아질 것이고 물가는 상승하기 때문에 20년 뒤에 비갱신 보험으로 우리의 보장이 다 채워질 거라 생각하면 안 되기

때문이다. 결국은 20년 뒤에 보장이 부족하여 보험에 또 가입할 것이다. 그럼 내가 낸 총 보험료는 또 상승한다.

 그리고 20년 뒤에 물가 상승뿐 아니라 우리의 의학은 발전되어 있을 것이다. 20년 전에는 암 걸리면 다 죽는 줄 알았던 시대지만 의학의 발전으로 수술하면 요즘 완치율도 높아지고 예전에는 꼭 칼을 대야만 하는 수술들이 시술로 금방 끝나게 된다. 20년 뒤에는 어떻게 발전했을지 모른다.

 하지만 갱신과 비갱신의 가격차이와 물가 상승률, 화폐가치 하락, 의료기술발전, 20년 동안 보험 유지율 3% 등 위에 내용들을 알고 모르고 가입하는 것이 다르기 때문에 위에 내용을 알고 난 뒤 갱신 비갱신을 선택하여야 한다.

고지의무 위반: 보험 가입 시 심사와 조건 확인

 보험 가입 시 가장 신중해야 할 부분은 고지의무다. 가입을 위해 자신의 병력을 알리는 과정으로, 요즘은 보통 3개월 내 진단, 5년 내 수술·입원, 주요 질환 이력, 재검사 여부 등을 포함한다.

 보험사는 이 정보를 바탕으로 가입을 승인하며, 고지의무를 위반하면 계약 해지 사유가 될 수 있다. 따라서 가입 전 고지사항을 꼼꼼히 확인하는 것이 필수다.

면책기간

면책 기간은 특정 기간 동안 해당 부위와 질병에 대해 보장이 안 된다는 이야기다. 만약에 내가 대장 부담보 1년이라면, 대장으로 인해서 어떠한 질병이 생기면 보험금이 나오지 않는다는 것이다.

감액기간

보장은 되지만 보험금이 일부만 지급되는 기간이다. 이 부분은 가입 후 1년 동안 50%의 금액만 나오는 일반적인 이야기에 해당된다.

면책기간과 감액기간을 잘 따져보고 가입해야 하며 면책기간이 1년 이상이 된다면 유병자 보험(간편 보험)을 추천한다. 건강체(표준체) 보험에만 면책기간이 존재하며 금액이 저렴하여 건강체(표준체)에 들어가는 게 맞지만 이렇게 질병이 길게 잡혀버리면 그 안에 질병이 생기게 됐을 때 보장받을 수 없다. 미래의 일은 알 수 없기 때문에 1년 이상이라면 요즘은 보험료가 더욱 저렴해진 유병자(간편) 보험 가입을 고려해보는 것도 좋다.

[면책 및 감액기간]

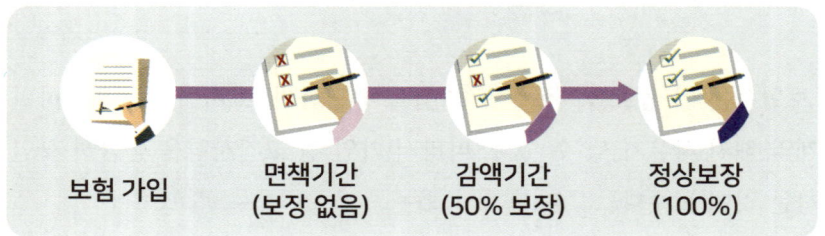

말이긴 특약

보험은 말이 길어질수록 못 받는 보험이라 생각하면 된다.

예를 들어서 일반사망이라 하면 일반적으로 사망했을 시 다 지급이 되겠지만 상해사망은 어떻게 되겠는가? 상해로만 사망했을 시 지급된다. 그럼 질병사망은 어떻게 될까? 질병으로만 사망했을 때 지급이 된다.

예를 들어 차를 몰고 가는데 가로수를 박아 사망했다. 하지만 이분은 심장질환이 있는 분이라 심정지가 와있다. 그럼 가로수에 먼저 박아서 상해로 사망을 했는지 심정지가 와서 사망을 한 후에 상해가 이루어진지는 알 수가 없다. 그래서 상해사망, 질병사망은 애매한 상황에 다툼이 생길 수 있다.

[보험의 지급 조건에 대한 복잡성]

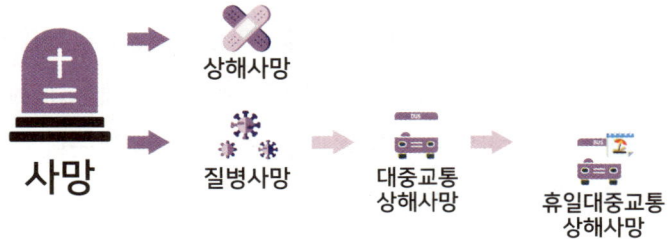

상해수술이 있을 때 상해수술은 상해로 수술만 해도 주는 거지만 중대한 상해수술은? 그냥 상해는 안되고 약관에 명시된 중대한 상해여야 주는 것이다. 이렇게 내 보험 중에 말이긴 특약들을 주의 깊게 보고 어떤 게 보장이 되는지 안되는지를 살펴보면 어떻게 가입이 되어있는지 확인이 가능하다.

커피원가 / 보험원가 : 적립보험료

커피 가격은 어디서 사느냐에 따라 달라진다. 각 매장마다 직원 급여, 운영비 등 부대 비용이 포함된 가격이기 때문이다.

보험료도 누구에게 가입하느냐에 따라 차이가 난다.
예를 들어, 보장 보험료 원가가 10,000원이라도 A 설계사가 판매하면 50,000원, B 설계사가 판매하면 10,000원이 될 수도 있는 것이다.

바로 적립보험료인데 보험에 적립보험료를 포함하면, 원래 1만 원짜리 보험이 10만 원짜리 보험이 되는 기적이 일어난다. 설계사는 총 보험료인 10만 원 기준으로 수당을 받으며, 고객에게는 9만 원이 보험사에 저축되어 만기 때 돌려준다고 안내한다.

그렇다면 만기는 언제일까? 고객들에게 물어보면 대부분 '10년이나 20년 뒤 아닐까요?'라고 답하지만, 실제로는 80세, 90세, 100세 만기다. 결국, 그때까지 살아있어야 환급받을 수 있고, 돌려받는다 해도 사업비 10~30%를 떼고 지급된다.
게다가 오랜 시간이 지나면서 화폐가치가 하락해, 환급받더라도 실질적인 가치가 크게 줄어든다. 따라서 보험 가입 시 적립보험료가 포함되지 않고, 원가에 해당하는 순수 보험료만 들어있는지 확인하는 것이 중요하다.
보통 운전자보험과 손해보험의 증권 첫 장에서 적립보험료 여부를 확인할 수 있다.

1만 원짜리 보험에 적립보험료 2만 원이 포함되어 총 3만 원을 내고, 이를 20년간 유지하면 총 480만 원을 추가로 부담하는 셈이다. 결코 작은 돈이 아니다.

 만약 그 돈을 저축하거나 투자했다면? 결국, 만기 시 돌려받는 적립보험료는 물가 상승과 화폐가치 하락으로 인해 실질 가치가 줄어들 뿐이다.

 과거에는 적립보험료를 반드시 포함해야 판매할 수 있었던 상품도 있었다. 만약 이런 보험을 갖고 있다면, 빠르게 점검해 적립보험료를 없애야 한다. 내 보험을 확인해 숨겨진 적립보험료가 있다면 제거하고, 불필요한 지출을 줄이는 것이 중요하다.

보험회사 vs 소비자
청구과정에서 시각 차이

보험사는 리스크 관리와 비용 절감을 중요하게 여기며, 소비자는 자신이 납부한 보험료에 대해 정당한 보상을 받기를 원한다. 이러한 이해관계 속에서 보험금 지급을 둘러싼 갈등이 발생할 수 있다. 특히, 보험소비자들은 보험 가입 시 보험사의 부지급률을 꼼꼼히 살펴볼 필요가 있다. 부지급률은 보험금 청구 건수 중 지급되지 않은 비율을 의미하며, 보험사의 신뢰성과 보상 능력을 파악할 수 있는 중요한 지표다. 부지급률이 지나치게 높다면 보험금 지급 과정에서 소비자가 불이익을 겪을 가능성이 크다.

보험금 부지급 사례는 다양한 이유로 발생한다. 첫 번째로, 약관상 면책 및 부책에 해당하는 경우다. 약관에는 보험사가 보장하지 않는 면책 사유와 보장 범위를 명확히 규정하고 있다. 예를 들어, 특정 질병이 약관상 면책 사유에 해당하거나, 보장 개시일 이전에 발생한 질병은 보상받을 수 없다. 소비자는 가입 시 약관을 꼼꼼히 확인해 보장 범위를 명확히 이해해야 한다.

두 번째로, 약관에 맞지 않는 보험금 청구가 있다. 이는 소비자가 보장 범위를 오해하거나, 해당 상품이 보장하지 않는 손해에 대해 청구하는 경우다. 예를 들어, 실손의료보험임에도 비급여 항목을 청구하거나, 특정 특약 없이 해당 보장을 요구하는 사례가 이에 해당한다.

세 번째는 소비자가 고지의무를 위반한 경우다. 보험계약자는 가입 시 건강 상태, 병력 등 중요한 사항을 사실대로 알려야 한다. 그러나 일부 소비자는 보험료 인상을 우려해 병력이나 위험 요인을 숨기기도 한다. 이후 보험사고 발생 시, 보험사는 고지의무 위반을 이유로 보험금 지급을 거절할 수 있다.

따라서 보험소비자는 보험사의 지급률 등을 살펴봐야 한다.

[2023년 하반기 보험금부지급률]

회사명	보험금부지급률	청구이후해지비율
메리츠화재	1.51	0.14
한화손보	0.69	0.09
롯데손보	1.52	0.14
MG손보	0.69	0.13
흥국화재	1.26	0.14
삼성화재	1.43	0.17
현대해상	1.58	0.23
KB손보	1.48	0.16
DB손보	1.77	0.21
AXA손보	1.57	0.23
하나손보	1.95	0.88
AIG손보	1.79	0.02
라이나손보(에이스손보)	1.66	0.21
신한EZ손보	0	0
농협손보	1.56	0.66
업계평균	1.51	0.19

자료출처 : 손해보험협회, 2023년 하반기 보험금부지급률

하지만 보험소비자가 보험사의 지급거절을 당했을 때 보험약관을 통해 내용을 해결할 수 있다. 보험약관 해석에 있어서 작성자 불이익 원칙을 적용하고 애매모호한 약관 규정이 있는 경우에는 작성자인 보험사에게 불리하게 적용해서 약관을 해석해야 한다는 기준이 있다. 하지만 현실에서는 많은 보험사들이 이 원칙을 제대로 적용하지 않는 경우가 많다.

보험사들은 종종 약관의 애매한 부분을 자의적으로 해석하여 보험금 지급을 거부하는 경우가 많다. 하지만 보험소비자들은 제대로 대처하기가 쉽지 않다. 따라서 보험 가입 시에는 해당 보험사의 보험금 지급 관행을 미리 확인하는 것이 중요하다. 금융감독원의 민원 통계나 보험금 지급률 등을 통해 각 보험사의 보험금 지급 성향을 파악할 수 있다. 특히 작성자 불이익 원칙을 잘 준수하는지, 소비자에게 불리한 해석을 하지는 않는지 살펴봐야 한다.

만약 보험사가 약관을 자의적으로 해석하여 부당하게 보험금 지급을 거절한다면, 금융감독원에 민원을 제기할 수 있다. 금감원은 보험 민원 해결을 위한 분쟁 조정 제도를 운영하고 있으며, 약관 해석의 불명확성으로 인한 분쟁도 다루고 있다.

작성자 불이익 원칙은 보험 소비자를 보호하기 위한 중요한 법적 장치다. 하지만 보험사들이 이를 무시하고 자신들에게 유리한 해석을 고집하는 경우가 많아 소비자 피해가 발생하고 있다. 이러한 상황에서 소비자들은 보험사의 보험금 지급 관행을 면밀히 검토하고, 필요한 경우 금감원을 통한 권리 구제를 적극적으로 모색해야 한다.

[작성자 불이익 원칙의 인정 근거 및 한계]

인정 근거	한계
책임성 사업자가 일방적으로 약관 작성	보험약관(특히 표준약관)은 사업자가 일방적으로 작성한다고 보기 어려움 - 표준약관 작성 주체는 감독당국임 - 기초서류 변경 권고를 통해 개별약관 내용에 대해서도 통제하고 있음
형평성 사업자가 자신에게 유리하게 약관 작성	형평성 제고를 위한 직접적이고 강력한 규제가 마련되어 있음 - 약관규제법은 불공정한 약관 조항을 무효로 하고 있음 - 금소법 및 보험업법은 형평성 제고를 위한 각종 규제를 마련하고 있음
투명성 사업자에게 약관의 불명확성에 대한 페널티를 부과하여 사전에 약관을 투명하게 작성하도록 유도	약관을 상세히 정하는 것이 소비자에게 불리할 수 있음 - 작성자 불이익 원칙의 투명성 제고 기능은 크지 않음 - 약관의 내용이 길고 복잡해질 경우, 가독성 저하, 보장범위의 명시적 축소, 보험료 인상 등 소비자에게 불리한 결과가 초래될 수 있음
효용성 보장대상 및 보장범위 확대를 통해 보험의 효용성 제고	효용성의 의미를 현대적으로 재정의할 필요가 있음 - 자동차보험, 실손의료보험의 경우 보장대상 및 보장범위를 확대하는 것 못지않게 보험료 인상을 억제하는 것도 중요함

[우체국·농협에서 판매하는 유사보험과 일반보험 차이점]

농협 공제, 우체국 보험, 신협 공제 등 보험회사 외의 금융회사에서 판매하는 상품을 '유사 보험'이라고 한다. 대부분의 사람들은 일반보험과의 차이점을 구분하기 어렵다. 보상받을 때 당황하는 일이 없도록 보험 가입 전에 각 상품에 대해 잘 파악하는 것이 중요하다.

일반보험과 비슷한 듯 다른 '유사보험'

설립목적 도서산간 지역이나 농어민 등 일반 민영보험의 가입이 힘들거나 특별히 보호가 필요한 경우 또는 회원 구성원 간 상호부조 목적으로 설립. 현재는 누구나 가입 가능

운용기관 정부나 공공기관이 운용

특징
- 국내법상 실손의료보험의 약관이 동일
- 진단금이나 입원일당에 관해서는 상품별로 보장 범위가 다양함
- 여러 사람의 돈을 모아 사고를 당한 사람을 돕는 기능을 하기 때문에 일반 보험에서 보장하는 내용과 동일하게 분류함

유사보험이 일반보험과 다른 점

보험료가 저렴 가입 시 일반보험에 비해 상대적으로 보험료가 저렴하지만 상품에 대해 전문적이지 못하기 때문에 위험을 감수해야 함

관리감독이 다름 일반 보험사는 금융감독원의 관리를 받지만, 유사보험의 관리감독기관은 통일성이 없고 개별적

상품이 다양하지 않음 유사보험에 따라 차이점은 있지만 대부분 일반 보험처럼 다양하고 전문적인 상품을 취급하기 보다 주로 간편한 형태의 상품을 판매

일반보험을 선택해야 하는 이유

안전하다 유사보험은 전문 감독 인력의 부족으로 부실감독 가능성이 있다. 일반 보험사는 혹 분쟁이 발생하더라도 금융감독원의 보호를 받을 수 있어 안전하다.

보상이 신속하다 우체국보험은 모든 서류를 원본으로 제출해야 하며 본인이 직접 내방하는 것을 원칙으로 한다. 반면 일반 보험사는 대부분 팩스로 보상절차가 가능하며 금액이 소액일 경우 영수증만으로 대체할 수 있는 등 보상이 신속하다.

보상 범위가 넓다 유사보험은 전문 보험사가 아니므로 보상 여부에 관해 '된다','안 된다'는 답변만 하는 경우가 있고, 보상관련 민원이 많은 편이다. 일반 보험사는 전문 보험사이므로 담당FP에게 체계적인 보상과 개인 맞춤형 설계를 받을 수 있다.

2

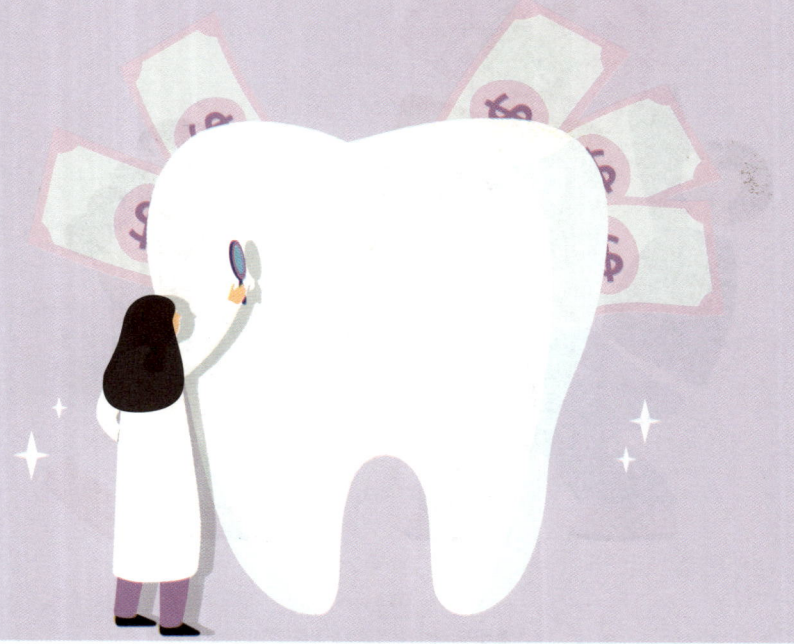

치과 보험청구로 최대한 돈 버는 방법

실손보험으로 치과 치료비 돌려 받는 비법

실손보험으로 보장받을 수 있는 주요 치과 치료 항목에는 발치(사랑니 포함), 신경치료(크라운 및 보철 제외), 충치 보존치료(아말감, GI 등), 치료 목적의 스케일링, 잇몸 치료, 파노라마 엑스레이 촬영, 추가 검진 시의 CT 촬영 등이 있다. 하지만 이러한 보장은 2009년 9월 이후에 가입한 실손보험에만 해당되며, 그 이전에 가입한 보험은 보장 내용이 다를 수 있으므로 약관을 확인해야 한다.

중요한 점은 급여 항목에 한해서만 보장이 된다는 것이다. 비급여 항목은 실손보험으로 보장받을 수 없다. 임플란트, 크라운, 보철 등도 보장 대상에서 제외된다.(단, 65세 보험 임플란트, 보험틀니는 실손보험 가능하다.)

치과 치료비를 실손보험으로 청구할 때는 필요한 서류를 빠짐없이 준비해야 한다. 기본적으로 진료비 영수증과 진료비 세부내역서가 필요하며, 경우에 따라 질병분류 코드가 기재된 처방전도 요구될 수 있다. 이러한 서류들을 통해 해당 치료가 보장 대상임을 증명할 수 있다.

따라서 실손보험으로 치과 치료비를 청구하기 전에는 반드시 해당 치료가 급여 항목인지 확인하고, 치료 목적임을 입증할 수 있는 서류를 준비하는 것이 중요하다. 또한 실손보험 약관을 통해 자신의 보험이 치과 치료를 보장하는지, 어떤 항목이 보장되는지 미리 확인하는 것이 바람직하다.

실손보험에서 보상하는 치과질환

질병코드	질병명
K00	치아의 발육 및 맹출 장애
K01	매몰치 및 매복치
K02	치아 우식
K03	치아경조직의 기타 질환(마모, 침식)
K04	치주 및 근단주위조직의 질환
K05	치은염 및 치주질환
K06	잇몸 및 무치성 치조융기의 기타 장애
K07	치아얼굴이상[부정교합포함]
K08	치아 및 지지구조의 기타 장애
K09	달리 분류되지 않은 구강영역의 낭
K10	턱의 기타 질환
K11	침샘의 질환
K12	구내염 및 관련 병변
K13	입술 및 구강점막의 기타 질환
K14	혀의 질환

K00~K08: 급여치료만 보상
K09~K14: 급여, 비급여치료 보상

치아보험에서 보상하는 치과질환

질병코드	질병명
K02	치아 우식
K04	치주 및 근단주위조직의 질환
K05	치은염 및 치주질환
K08.3	잔존치근은 면책사항

비급여 보철치료(임플란트 등)를 위한 영구치 발치 시 보상하는 치주 질환

치아보험에서 보상하는 치과대상

치과치료 항목	
보존치료	보철치료
레진	임플란트
인레이, 온레이	틀니
크라운	브릿지
스켈링	
아말감	

비급여 항목

※ 보험사마다 보장내용이 차이가 날 수 있으니 정확한 내용은 약관을 확인하시길 바랍니다.

치과치료별 청구가능한 보험 혜택 완전 정복

치아보험은 다양한 치과 치료를 보장하는 전문 보험이다. 충전치료, 크라운 치료, 임플란트나 브릿지, 틀니 등의 보철치료, 스케일링, 신경치료, 발치 등 대부분의 치과 치료가 보장 대상이다. 치료 재료와 개수에 따라 보장 금액이 다르게 책정되며, 대부분 갱신형 상품으로 운영되지만 만기 이후 보험료 인상 후 유지할 수 있다. 또한 가입 초기에는 면책 기간과 감액기간이 있어 보장이 제한될 수 있으므로 이 점을 유의해야 한다.

1-3종 수술비보험은 치과 영역에서 제한적으로 적용된다. 치조골이식술은 2종 수술로, 악관절 수술은 3종 수술로 분류되어 보장받을 수 있다. 종수술의 난이도에 따라 몇종으로 구분하고 해당 보장 금액을 차등 지급되는 것이 특징이다.

해당 종수술비는 현재 판매되지 않으며 2008년 3월 이전 생명보험에서 판매된 특약이다. 따라서 해당 특약에 가입되어 있는 경우라면 수술비 보험을 통해 보상을 받을 수 있다.

[치조골이식 수술 보상]

임플란트 시 치조골이식을 한 경우,
가입 시기에 따라 실비 보험 보상 가능 여부가 달라집니다.

2008년 3월

이전	이후
청구 불가	급여 부분만 보상 가능
	치조골이식은 비급여로 보상이 어려움

치조골이식 수술은 2008년 3월 이전 가입 생명보험
1-3종 수술비 특약 청구 가능!(2종에 해당)

일상배상책임보험은 실수로 상대방 치아파절을 한 경우 보장이 될 수 있다. 다만 고의적인 사고(폭력)이 아닌 실수인 경우에만 해당된다. 다만 사고의 인과관계 및 고의성이 없는 경우라는 것을 청구인이 증명해야 하는 번거로움이 있을 수 있다.

[친구 장난으로 골절치료 보상]

친구의 장난으로 다리 골절이 발생한 경우, 가해자의 일반배상책임보험과 피해자의 실손보험 및 건강보험을 통해 보상이 가능합니다.

치료비 배상/보상 가능한 보험

피해자의 실손의료비보험 및 골절진단비, 상해수술비특약	가해자의 일상배상책임보험
보상가능	사고의 인과관계가 정확하고 고의성이 아닌 경우 보상이 가능

 배상 : 위법행위에 대해 피해자에게 금전적 손해를 갚아주는 것
보상 : 적법행위에 대해 피해자에게 금전적 손해를 갚아주는 것

그리고 치아파절인 경우 골절진단비 보장이 가능할 수 있다. 최근 가입하는 골절진단비는 치아파절 제외라고 약관에 표시되어 있는 경우는 보상이 불가하지만 해당 내용이 적혀 있지 않거나 치아파절 포함이라고 적혀 있는 경우에는 치아에 금이 간 경우 골절진단비 보상이 가능하다.

[치아파절보상(질병코드 S02.5)]

골절진단비 : 골절진단비(치아포함) 보상 가능
(단, 치아파절 제외일 경우 불가)

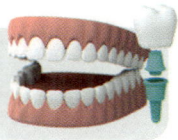

치과치료별 청구 가능한 보험 혜택 완전 정복

만12세 레진치료

  12세 이하 어린이의 영구치 충치 치료는 국민건강보험과 민간 치아보험 특약을 통해 보장받을 수 있다. 특히, 2019년 1월 1일부터 12세 이하 어린이의 영구치에 대한 레진 충전 치료에 건강보험이 적용되면서, 치료 비용 부담이 크게 줄어들었다.

  레진 충전치료는 충치나 치아가 손상된 부분을 메우는 치료다. 이때 사용하는 재료가 '복합레진'인데, 이는 치아 색과 비슷한 특별한 플라스틱과 유리 입자의 혼합물을 섞어 만든 물질이다.

  레진의 가장 큰 장점은 치아 색과 거의 같아서, 치료를 받고 나서도 다른 사람들이 보기에 자연스럽다는 점이다. 그래서 특히 앞니나 작은 어금니처럼 잘 보이는 부위의 충치를 치료할 때 많이 사용한다.

[12세 이하 영구치 충치치료 레진 충전 보험적용]

적용대상자	만 12세 이하 어린이
급여내용	영구치의 치아우식증(충치) 레진 치료 ※ 유치에는 보험이 적용되지 않음
본인부담금	급여 비용의 30% 부담

레진 충전 치료 시 건강보험 적용이 되어 본인 부담금 30프로만 납입하면 된다(치아 1개당 일반적으로 25000원 수준). 그리고 건강보험 이 적용되기 때문에 보험소비자가 납부한 충전치료비에 대해서 실손보험이 적용된다. 다만 실손보험은 가입시기별 자기부담금이 다르기 때문에 본인이 가입한 자기부담금이 어떻게 되는지 확인이 필요하다.

[본인부담금과 자기부담금 용어이해]

본인부담금

본인부담금은 국민건강보험이 적용되는 의료 서비스를 이용할 때 환자가 직접 부담해야 하는 금액이다. 예를 들어 병원 진료비가 10만 원일 때, 건강보험이 7만 원을 부담하고 환자가 3만 원을 내는 경우 이 3만 원이 본인부담금이다. 의료기관 종류와 진료항목에 따라 본인 부담률은 달라질 수 있으며, 일반적으로 입원은 20%, 외래는 30-60% 정도를 본인이 부담한다.

자기부담금

자기부담금은 민간보험에서 사용하는 용어로, 보험금 청구 시 계약자가 부담해야 하는 금액이다. 예를 들어 실손의료보험에서 자기부담금이 20%라면, 비급여 의료비 100만 원이 발생했을 때 보험사가 80만 원을 지급하고 본인이 20만 원을 부담하는 식이다. 이는 보험의 남용을 막고 보험료를 적정 수준으로 유지하기 위한 장치다.

그리고 치아보험에서 치아보존치료 특약에 가입되어 있으면 치아보험에서도 충전치료비에 대해서 보상이 가능하다.

[보존치료의 종류]

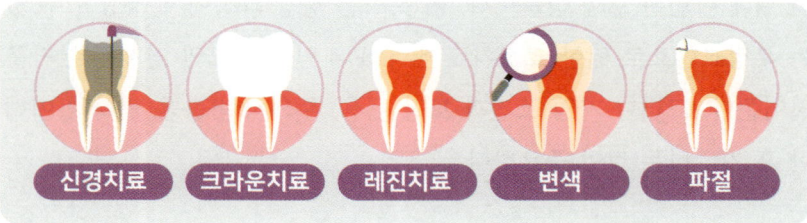

신경치료 | 크라운치료 | 레진치료 | 변색 | 파절

어린이 치아교정 시 가능한 보험 특약

요즘은 어린이들의 치아 건강과 미용을 위해 치아교정을 하는 경우가 많아지고 있다. 치아교정은 비용이 상당히 높은 치료인데, 이러한 비용 부담을 줄일 수 있는 방법이 있다.

어린이보험에서 가입한 부정교합 특약이 있으면 보장이 가능할 수 있다.

일반적으로 치아가 잘못 맞물리는 상태를 '부정교합'이라고 한다. 부정교합은 유전적 얼굴형으로 턱뼈가 생성되며 현대인들은 턱이 점점 작아지며 치열 배열이 좋지 않은 경우가 있다. 어릴 때 손가락을 자주 빨거나 혀를 내밀거나 입으로 숨을 쉬는 습관 때문에 생길 수도 있다. 또 유치의 조기탈락은 추후 부정교합의 영향을 줄 수 있으며 충치나 상해로 인해 조기탈락 할 수 있다.

부정교합은 크게 세 가지로 나뉜다.

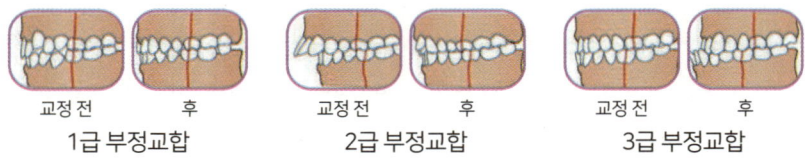

| 교정전 후 | 교정전 후 | 교정전 후 |
| 1급 부정교합 | 2급 부정교합 | 3급 부정교합 |

어린이보험의 부정교합 특약은 어린 자녀의 치아 교정 비용을 보장하기 위해 마련된 보험 상품이다. 이 특약은 성장 과정에서 발생할 수 있는 부정교합으로 인한 교정치료 비용을 지원해 부모의 경제적 부담을 덜어준다. 그러나 가입 조건과 보장 내용, 주의사항 등을 명확히 이해한 후 가입하는 것이 중요하다.

일반적으로 만 2세 이전이나 태아 시기에만 가입할 수 있는 경우가 많다. 이는 어린이보험이나 태아보험에 특약 형태로 추가되는 경우가 일반적이다.

부정교합 특약의 보장 내용은 명확한 기준을 따른다. Angle 씨 부정교합 분류법에 따른 2급 또는 3급으로 진단받고, 치과 의사가 교정치료가 필요하다고 판단한 경우에만 보험금이 지급된다. 이 기준은 부정교합의 심각도를 구분하는 국제적인 표준으로, 주로 심한 부정교합으로 저작 기능이나 발음에 문제가 생길 경우를 의미한다. 보통 최초 1회에 한 해 약 100만 원~200만 원의 보험금이 지급되며, 재차 발생하는 경우에는 추가 보장이 되지 않는 점을 유의해야 한다.

보장이 시작되는 시기도 정해져 있다. 대부분의 어린이보험은 피보험자가 보험나이 5-6세가 되는 계약 해당 일부터 보장을 시작하며 보험료도 보통 그때부터 내기 시작한다. 이 시기는 영구치 어금니가 처음 나오는 시기와 맞물려 있으며, 부정교합의 초기 진단과 교정 치료 필요성이 명확해지는 시점이기도 하다. 따라서, 보험 가입 후 일정 시간이 지난 후에야 보장받을 수 있다는 점을 미리 이해할 필요가 있다.

보험금 청구 몇 가지 중요한 주의사항을 알아야 한다. 먼저, 단순한 치열 교정이나 미용 목적의 교정은 보장되지 않는다. 예를 들어, 치아 배열이 조금 고르지 않거나 미적인 이유로 진행하는 교정은 보험금 지급 대상이 아니다. 또한, Angle씨 부정교합 분류법에서 1급으로 진단된 경우나 경미한 부정교합 역시 보상 대상에 포함되지 않는다. 얼굴형은 보통 유전력이 있기 때문에 부모가 교정을 한 경우나 상악이 크고 하악이 작은 경우, 아래턱이 앞으로 나온 경우, 이런 경우는 어린이보험에서 부정교합 특약 넣는 것을 추천한다.

[Angle씨 부정교합 분류법]

2급	3급
하악대구치가 상악대구치에 비해 안면에서 후방으로 치우친 경우	하악대구치가 상악대구치에 비해 안면에서 전방으로 치우친 경우
뻐드렁니, 돌출입 등	주걱턱 등

 보험금 청구 시에는 필요한 서류를 꼼꼼히 준비해야 한다. 반드시 치과의사의 진단서(Angle씨 분류 2급 또는 3급으로 인해 교정을 진행한다는 진단 내용)가 필요하며, 일부 보험사는 추가로 교정 전후의 치아 사진이나 X-ray 자료를 요구할 수 있다. 필요한 자료를 미리 준비해 두면 청구 절차를 빠르고 원활하게 진행할 수 있다.

치과 청구에서 흔히 발생하는 실수와 이를 피하는 방법

치과 보험 청구 시 발생할 수 있는 주요 실수들에 대해서 알아보자.

첫째, 고지의무 위반과 관련된 실수가 자주 발생한다. 환자가 치아 보험 가입 전에 과거 병력이나 현재 상태를 정확히 고지하지 않거나, 보험 가입 시 중요한 의료 정보를 누락하는 경우 보험사는 보험금 지급 전 해당 내용을 확인 후 이상이 있으면 보험금 지급을 거절할 수 있다. 따라서 치아보험의 가입 전 알릴 의무사항(고지의무)를 정확하게 이해하고 가입하는 것이 중요하다.

[치아보험 가입 전 체크리스트]

- ☑ 현재 틀니를 하고 계십니까?
- ☑ 최근 1년 이내 충치(치아우식증)로 의사로 부터 진찰 또는 검사(건강검진 포함)를 통하여 치료(충전치료, 보철치료) 투약과 같은 의료행위를 받은 사실이 있거나, 치료가 필요하다는 진단을 받은 적이 있습니까?
- ☑ 최근 5년 이내 치주질환(잇몸병, 풍치)으로 자연치를 1개 이상 상실하였거나 치주수술(잇몸수술)을 받았거나 치주수술이 필요하다는 진단을 받은 적이 있습니까?

둘째, 잔존치 치료와 관련된 실수도 많이 발생한다. 보험 가입 전 발치된 치아에 대한 치료를 청구하거나, 잔존치 관련 보험 약관을 정확히 이해하지 못해 발생하는 경우다. 잔존치가 남아 있는 상태에서 해당 잔존치를 제거하고 임플란트를 진행했을 경우 보상이 거절될 수 있다.

잔존치 발치 시 일반적으로 잔존치 상병명(K08.3)을 사용하지만, 보철치료 보험금 지급 사유에 해당하는 K02, K05 등으로 발치 및 보철 상병명을 받아야 할 수도 있다. 따라서 잔존치근에 해당하는 경우, 해당 약관을 잘 읽어보도록 하자.

[잔존치근 보철치료 치아보험 보상 여부(질병코드 K08.3) **]**

치아의 일부가 부러져서 뼛속에 남아 있는 치근 조각을 잔존치근이라 부른다.

구분	보상 여부	설명
잔존치근(K08.3)로 인한 보철치료	X 보상 불가	치아보험 면책사항에 해당
치과 진단서에 K08.3만 기재된 경우	X 보상 불가	보험 대상에서 제외됨
보철치료의 지급 사유에 해당하는 경우	O 보상 가능	K02(치아우식), K04(치수질환), K05(치은염 및 치주질환) 진단 시 보상 가능

셋째, 치과치료확인서 발급에 대해서도 주의해야 한다. 치과치료확인서는 치아보험 청구 시 필수서류이다. 그런데 이 치과치료확인서를 치료 당일 요청하였지만 바로 제공이 어려운 경우가 많다. 그래서 며칠 후 치과를 재방문해야 하는 일이 발생할 수 있다.

치료 이력을 의사 또는 병원 담당자가 작성 후 직인을 찍어줘야 한다. 그리고 치과치료확인서는 보험사 사정에 따라서 수시로 변경될 수 있기 때문에 치과치료확인서 양식을 미리 준비해서 치과에 요청해야 한다.

[치과치료 확인서]

(자료출처: 라이나생명)

올바른 보험금 청구를 위해서는 다음과 같은 절차를 따라야 한다. 먼저 치아가 흔들리거나 문제가 있다면 치과를 방문해야 한다. 치과에서 치과의사의 정확한 발치 진단을 받은 후, 전문적인 발치 시술을 치과에서 받아야 한다. 발치는 사보험 면책 날짜가 지나야 보상한다. 발치 후에는 필요한 경우 임플란트나 브릿지 등의 보철치료까지 진행해야 한다. 특히 주의할 점은 스스로 치아를 뽑은 경우에는 대부분 보험금 청구가 거절된다는 것이다.

치아사보험은 가입 전 발치된 치아는 보상을 해주지 않기 때문에 보험 가입 이후 발치했다는 것을 병원 차트 또는 X-ray사진 등으로 보험사에 제출해야 한다. 혹시나 보험 가입 이후 집에서 자연발거가 되었다면 다니는 치과에 요청하여 의사소견서(○○환자 말에 의거하여 그 날짜쯤 발치된 것으로 사료된다는 내용)를 제출하면 보험금을 지급해 주는 회사도 있다. 보험 가입 전 그 해당치아가 있었다는 입증용 치아전체 X-ray를 첨부하면 더 좋다. 하지만 거절될 수 있으니 치아보험에 가입했다면 발치는 꼭 치과에 가서 발치하도록 하자.

치아보험 면책사항 면책일, 치아보험 연3개 제한

　치아보험 가입자가 자주하는 실수 중 한가지 중 치아보험의 면책기간과 감액기간을 알지 못하고 보험금청구를 하는 경우이다. 면책기간은 보험 가입 후 보장이 제한되는 일정 기간을 의미한다. 대부분의 치아보험에서는 질병으로 인한 치료에 대해서만 면책기간을 적용하며, 상해나 사고로 인한 치료는 면책기간 없이 즉시 보장된다. 치료 종류별로 면책기간이 다른데 보존치료와 예방치료, 진단의 경우 보통 90일의 면책기간이 적용되며, 보철치료의 경우는 90일에서 180일까지의 더 긴 면책기간이 적용되는 것이 일반적이다. 면책기간이 종료되었다 하더라도 상품별로 감액기간도 존재하니 감액기간여부도 확인해야 한다. 감액기간은 보험금의 일부만 지급하는 내용이다.

　다른 주요 면책사항으로는 연간 치료보장한도와 개수 제한이 있다. 특히 고가 치료나 반복적인 치료가 필요한 경우에는 연간 보장 개수가 제한되는 것이 일반적이다. 예를 들어, 크라운은 연간 3개까지 보장된다라고 한다면 연간 기준이 1월 1일부터가 아닌 보험 가입날짜 기준의 연간 3개이니 청구 시 유의해야 한다(1월 1일~12월 31일이 아니다).

　그리고 임플란트 보장 같은 경우에는 보험가입 후 면책기간 이후에 발치되어야 보장이 가능하며 연간 개수제한이 연 3개가 있다면 보험가입날짜 기준으로 임플란트 식립이 연간 3개이다.

　또한 일부 보험상품은 가입 기간에 따라 보장 개수 제한이 변동된다. 가입 초기에는 연간 보장 개수를 제한하다가, 가입 2년 이후부터는 개

수 제한을 완화하거나 없애는 경우가 있다. 대표적으로 크라운의 경우, 가입 1년 차에는 연간 3개까지만 보장하지만 2년 차부터는 갯수 무제한으로 보장 범위가 확대된다.

 이와 같은 면책사항들을 사전에 정확히 파악해두면, 보험금 청구 시 예상치 못한 불이익을 피할 수 있으며 보험 혜택을 최대한 활용할 수 있다.

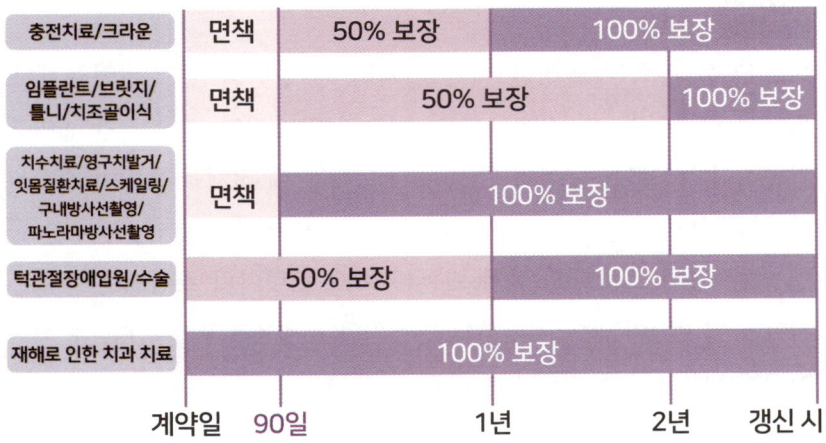

	임플란트	브릿지 (고정성 가공의치)	틀니 (가철성의치)
특징	인공뿌리와 함께 심음	남아있는 치아 사이를 연결	탈부착이 가능
치료방법	치아가 빠진 자리에 철심을 박아 의치를 덧붙임	남아있는 치아와 치아 사이를 연결하여 의치를 고정	치아 전체 또는 부분을 본떠 탈부착이 가능한 틀니 제작
치료기간	3개월~6개월	1주~2주	1주~2주
수명	반영구	5년~10년	평균 5년
보장금액	개당 50만 원~120만 원	개당 25만 원~100만 원	개당 50만 원~120만 원
보장개수		보통 연간 1개~3개로 제한	

　브릿지는 양쪽의 멀쩡한 치아를 씌워 빈 공간을 연결치(인공치)로 씌우는 방법이다. 이 방법은 치아 하나가 망가지면 전체가 안 좋아질 가능성이 높고 1개 치아가 안 좋아져 뜯어낼 때 전체를 뜯어야 한다는 단점이 있다. 요즘에는 추천하지 않는 치료방법이지만 임플란트를 할 수 없는 경우 브릿지를 하게 되는데 이때 브릿지의 포함되는 부분은 치아가 발치되어 없어진 부분의 인공치만 브릿지로 인정하다. 내 치아에 연결되는 부분은 크라운으로 본다.

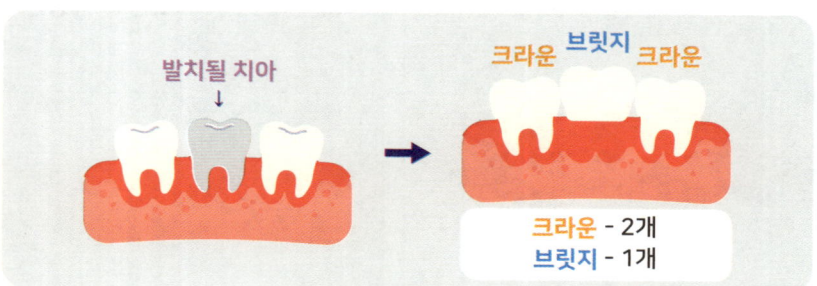

　그래서 연간 개수제한이 있는 치아보험을 갖고 있다면 크라운 개수와 브릿지 개수에 유의해야 한다.

치과치료 서류수수료

[서류수수료]

항목	수수료	항목	수수료
진단서	20,000원	상해진단서(3주 이상)	150,000원
영문진단서	20,000원	통원확인서	3,000원
병무용진단서	20,000원	진료확인서	3,000원
후유장해진단서	100,000원	향후진료비추정서 (천만 원 미만)	5,000원
장애 정도 심사용 진단서 (신체적장애)	15,000원	향후진료비추정서 (천만 원 이상)	10,000원
상해진단서(3주 미만)	100,000원		

※ 의료기관의 제증명수수료 항목 및 금액에 관한기준 (제4조제2항 관련)

　보험금 청구 시 제증명 수수료가 발생한다. 이때 어떤 서류를 떼어야 하는지와 서류 수수료가 어떻게 되는지 아는 것이 도움이 된다.
　2017년, 보건복지부는 의료기관에서 발급하는 각종 제증명서의 수수료에 대해 상한 금액을 정해 두었다. 이는 환자들이 의료 서류 발급과정에서 과도한 비용을 지출하지 않도록 보호하기 위한 조치였다. 보험금 청구를 위해 필요한 서류는 정해져 있지만 과도한 수수료를 청구하는 사례가 있어 주의가 필요하다.
　보험금 청구 시에는 반드시 필요한 서류만 발급받는 것이 중요하다. 보험사에 보험료를 청구할 때 큰 질병들은 진단서가 반드시 필요하지만 비교적 작은 질병들은 치료확인서나 수술확인서 등으로 대체할 수 있다. 진단서는 2만 원의 비용이 필요하지만 치료확인서는 3천 원으로 비용이 줄어들기 때문이다. 종종 병원에서 치료확인서나 차트에는 상병명을 안 써주는 곳이 있으니 상병명도같이 나오는지 문의 후 저렴한 치료확인서나 수술확인서로 발급하는 것이 좋다.

그러나 일부 병원에서는 보건복지부가 규정한 상한 금액을 무시하고 여전히 과도한 비용을 청구하는 사례가 발생하고 있다. 예를 들어, 같은 종류의 진료확인서라도 병원마다 청구하는 수수료가 다르고, 일부는 상한 금액을 초과해 부당한 비용을 요구하기도 한다.

 따라서, 보험금 청구 시에는 반드시 병원의 제증명 수수료가 보건복지부가 정한 상한 금액을 준수하고 있는지 확인해야 한다. 수수료가 과도하게 청구되었다면, 병원에 정해진 상한 금액 기준을 제시하며 재조정을 요구할 수 있다.

실손보험 통원 상한액

통원치료비 보장 한도는 보험 가입 세대(2,3,4세대)와 보험사 종류(손해보험사, 생명보험사)에 따라 차등 적용된다. 이를 '통원 상한액'이라고 하며, 이는 하루 동안 통원치료 시 보장받을 수 있는 최대 금액을 의미한다. 일반적으로 통원 상한액은 20만 원에서 25만 원 사이로 책정된다.

예를 들어 2세대 실손보험의 통원 상한액이 20만 원인 경우, 하루 통원치료비가 25만 원이 나오더라도 최대 20만 원까지만 보장받을 수 있다.

[의료실비 주요보장 내용]

입원비	- 입원비: 최고 5천만 원 한도 8~90% 보장 - 상급병실: 50% 보장(1일 10만 원 한도)
통원비	- 일당 30만 원(통원+처방조제 합산) 외래 회당 25만 원, 약제비 건당 5만 원 한도

65세 이상의 보험 임플란트와 보험틀니가 건강보험이 적용되기는 하지만 본인 부담금이 높은 편이다. 따라서 통원 한도액 이하로 하루 치료비를 조절하는 것이 유리하다.

건강보험에서 적용되는 보험 임플란트는 평생의 2개를 나라에서 지원을 해주게 되는데 2개 치아를 동시에 할 경우 하루에 청구가 다 들어가게 되면 통원 상한액 이상으로 나올 수가 있다. 예를 들어서 2개 치아를 하루에 다 치료를 받아서 치료비 (본인 부담금) 가 30만 원이 나왔다고 가정하면 이런 경우, 통원 한도액 20만 원을 넘는 10만 원은 보상이 불가하게 된다.

그래서 치과에 미리 얘기하여 실비 처리를 할 예정인데 급여부분 본인

부담금이 자신의 통원 한도액인 20~25만 원이 넘지 않게 치료를 해달라고 요청하면 실비 통원 한도를 최대한 활용해서 치과치료를 이용할 수 있다.

[의료실비 주요보장 내용]

대상 연령	만 65세 이상 건강보험 가입자, 피부양자, 의료급여 수급자
급여 범위	1인 평생 2개 인정
본인 부담율	30%(건강보험 가입자)
급여 제외 항목	- 시술 3개월 이후 유지 관리 비용 - 치조골이식 항목(뼈 이식) - 맞춤기둥(Custom Abutment)항목

참고로 1세대 실손보험에서는 MRI 촬영 시 비용이 통원 상한액 이상 나오는 경우가 대부분이어서 이런 경우 입원해야 됐지만 3,4세대 실비는 비급여 통원 금액에서 가능하다.

[3대 비급여]

도수, 증식 체외충격파	350만 원, 연 50회 (단, 도수치료는 호전 시 10회 단위 연 50회)	1회당 3만 원 or 30% 중 큰 금액 공제
비급여주사	250만 원, 연 50회	
MRI, MRA	250만 원, 연 50회	

3

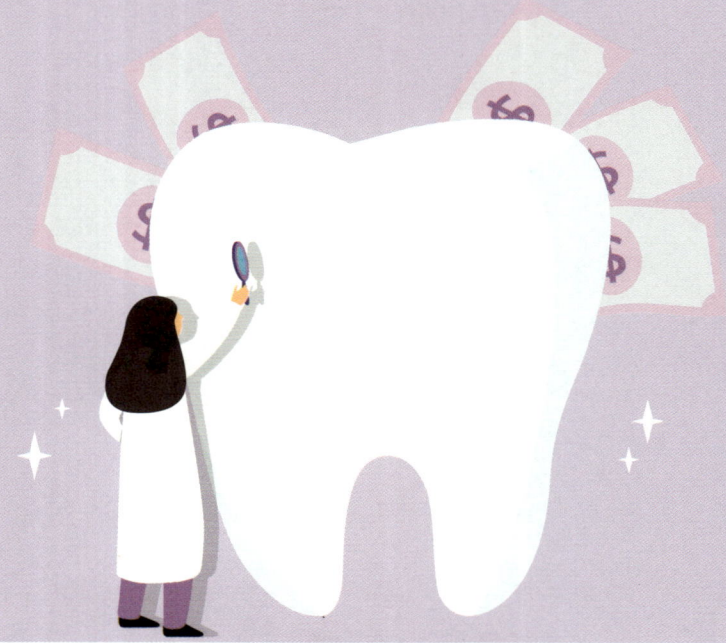

일반 보험청구도 돈이 된다

: 치과를 넘어선 활용법

계속 받을 수 있는 수술비를 준비하라

 수술비 보험은 크게 세 가지 유형으로 구분된다. 질병·상해 수술비 보험은 가장 폭넓은 보장 범위를 제공하지만, 가입 한도가 20-100만 원 수준으로 대형 수술 시 충분하지 않을 수 있다. 종 수술비 보험은 수술의 난이도에 따라 1종에서 5종까지 분류하여 차등 지급하는 방식으로, 치핵이나 백내장 수술은 1종, 맹장이나 대장 용종 절제술은 2종으로 구분된다.

 종수술 보험은 가장 제한적인 보장 범위를 가지고 있으나, 1,000만 원 이상의 높은 가입 한도를 제공한다. 수술비 보험의 특징은 진단 비보험과 달리 수술을 받을 때마다 보험금을 지급받을 수 있어, 뇌혈관이나 허혈심장질환처럼 반복 수술이 필요한 경우에 특히 유용하다.

[수술비 특약 종류]

1. 질병 수술비 특약

병원, 의원 등에서 **치료를 직접적인 목적으로 기구를 사용**하여
생체에 **절단, 절제** 등의 조작을 가하는 것
또한 보건복지부 산하 신의료기술평가 위원회로부터
안정성과 치료 효과를 인정받은 **신의료기술(최신 약관 기준)도 포함**됨

보험 약관에서 제외하는 수술의 종류

- **흡인** 빨아들이는 것
- **천자** 주사기 등으로 바늘 또는 관을 꽂아 체액, 조직을 뽑아내거나 약물을 주입하는 것
- **신경 차단술** **미용성형 목적의 수술** **피임 목적의 수술**
- **검사 및 진단을 위한 수술**(생검, 복강경 검사 등)
- **수술의 정의에 해당하지 않는 시술**(체외 충격파, 치조골 처치 등)

2. 1-5종 수술비 특약

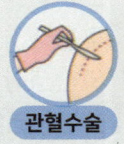
관혈수술 — 피부를 절개하고 질병부위를 노출시켜서 수술 부위를 육안으로 직접 보면서 수술하는 것
예) 개복술, 개두술, 개흉술 등

비관혈수술 — 피부의 절개 없이 수술을 진행하는 것
예) 내시경수술, 카테터 수술 등

3. N대 수술비 특약

질병코드

※ 정확한 내용은 해당 보험사 약관을 참조하시길 바랍니다.

수술비 보험을 가입할 때 반복적으로 발생할 수 있는 수술에 대해서도 보상 가능한 상품을 가입하는 것이 좋다.

대표적으로 N대 수술비 보험은 보험사마다 보장 내용에 차이가 발생한다. 수술할 때마다 반복적으로 보험금을 지급하는지 여부를 확인하는 것이 좋다. 이는 재발 가능성이 높은 질병을 가진 사람들에게 특히 유용하다. N대 수술비는 손해사에만 존재한다.

실비는 전환해야 할까, 유지해야 할까

실비보험의 제2의 건강보험이라고 불릴 정도로 우리가 일상생활 중 병원비 지불해야 하는 상황에서 많은 비용 부담을 줄이는 중요한 보험상품이다. 하지만 실손보험 손해율이 급증하면서 보험사는 실손보험을 매번 변경하면서 혜택을 축소하고 있다. 실손보험은 가입시기별 자기부담금과 보장 한도 차이가 있다.

1세대 실비보험(2009년 9월 이전)은 보장범위가 넓고 자기부담금이 거의 없다는 장점이 있다. 다만 보험료가 상대적으로 비싸고 치과 치료, 피부과, 한의원은 보장되지 않는다는 단점이 있다.

2세대 실비보험(2009년 10월-2017년 3월)은 보장 내용이 표준화되었고 10-20%의 자기부담금이 도입되었다. 이 시기부터 급여 항목에 한해 일부 치과 치료가 보장되기 시작했다.

3세대 실비보험(2017년 4월-2021년 6월)에서는 도수치료, 비급여 주사, MRI 등이 비급여 특약이 분리되었고, 자기부담금이 20-30%로 증가했다. 치과 치료는 2세대와 마찬가지로 급여 항목에 한해 보장된다.

4세대 실비보험(2021년 7월 이후)은 비급여 진료량에 따른 보험료 할증 제도가 도입되었다. 자기부담금은 급여 20%, 비급여 30%로 설정되었으며, 보험료는 상대적으로 저렴하다.

2009년 9월 이후 가입한 실비보험에서 보장되는 주요 치과 치료 급여 항목으로는 사랑니 발치, 치료 목적의 스케일링, 신경치료(크라운, 보철 제외), 충치 보존치료(아말감, GI 등), 파노라마 엑스레이 등이 있다.

 2026년 5세대 실손보험 출시를 예고하고 있다. 5세대 실손보험은 기존 실손보험과 비교하여 여러 가지 주요 변화가 있다. 우선 보장 범위가 축소되어 경증 질병과 상해 보장을 대폭 줄이고 중증 환자 중심으로 보험 재원을 배분한다. 비급여 특약은 중증과 경증으로 구분되어 출시 시기가 다른데, 초기에는 중증 비급여만 보장하고 2026년 6월경에 경증 비급여 보장 상품이 출시될 예정이다.
 실손보험 개혁 방안으로는 불필요한 비급여·급여 동시 진료 시 건강보험 급여를 제한하고, 병원의 실손 관련 행위를 제한하는 방안을 고려하고 있다. 이로써 실손보험의 무용론 이야기가 나오고 있다.
 기존 실손보험 가입자의 경우 4세대는 5년 단위로 갱신되면서 약관 변경이 가능하여 5세대 실손보험이 출시되면 자동으로 전환된다. 반면 1세대와 2세대는 약관 변경이 불가능하여 5세대 실손보험으로 소급 적용되지 않지만, 보험사에서 재매입 제도 등 일정 보상금을 제공하고 5세대로의 전환을 권장할 계획이다.

일상에서 받을 수 있는 보험 항목들

일상배상책임보험

일상배상책임보험은 일상생활에서 발생할 수 있는 다양한 배상책임 사고를 보장하는 보험이다. 주요 보장 사례를 살펴보면, 자전거를 타다가 타인의 신체를 다치게 하거나 주차된 차량을 파손한 경우, 산책 중 반려견이 타인이나 다른 개를 문 경우, 화장실 누수로 인해 아래층 천장이 얼룩진 경우 등이 포함된다. 또한, 주차장에서 차량을 밀다가 다른 차량을 파손시킨 경우나 실수로 타인의 휴대폰을 떨어뜨려 파손시킨 경우도 보장 대상이다. 자녀와 관련된 사고도 보장되는데, 학교에서 자녀가 다른 학생을 다치게 한 경우나 친척 집 또는 타인의 집에서 자녀가 값비싼 물건을 손상시킨 경우도 보험 보장 범위에 포함된다.

이처럼 일상배상책임보험은 일상생활에서 발생할 수 있는 다양한 배상책임 위험으로부터 가족을 보호하는 역할을 한다. 이 보험은 피보험자와 그 가족의 과실로 인한 법률상 배상책임을 보통 1억 원 한도 내에서 보상하며, 대물피해의 경우 자기부담금 20만 원이 공제된다.

[일상배상책임보험]

일상생활배상책임보험이란?

일상생활을 하면서 배상책임보험을 가입한 피보험자(가해자)가 타인에게 피해를 입힘으로써 발생하는 손해를 배상하는 보험

배상책임보험별 피보험자 대상

자녀배상책임보험
[자녀]

일상배상책임보험
[본인, 동거하는 배우자, 13세 미만 자녀]

가족생활배상책임보험
[본인, 8촌 이내 혈족]

주요보상사례

피보험자가 주거용을 사용하는 보험증권에 기재된 주택
(사용 중 발생하는 우연한 사고)
ex. 주택 누수로 인한 피해 발생

피보험자의 일상생활에 기인하는 우연한 사고
ex. 기물 파손, 개물림

보상하지 않는 사례

고의로 인한 배상책임은 원칙적으로 보상 제외
ex. 방화, 다른 사람과 싸워 상해를 입힌 경우 등

천재지변으로 인한 배상책임은 원칙적으로 보상 제외
ex. 지진으로 거주 주택의 창문이 떨어져 행인을 다치게 한 경우

피보험자가 사용하는 물건의 원래 소유주에 대한 배상책임은 보상에서 제외될 수 있음
ex. 친구로부터 빌려 사용하는 노트북을 파손한 경우

4

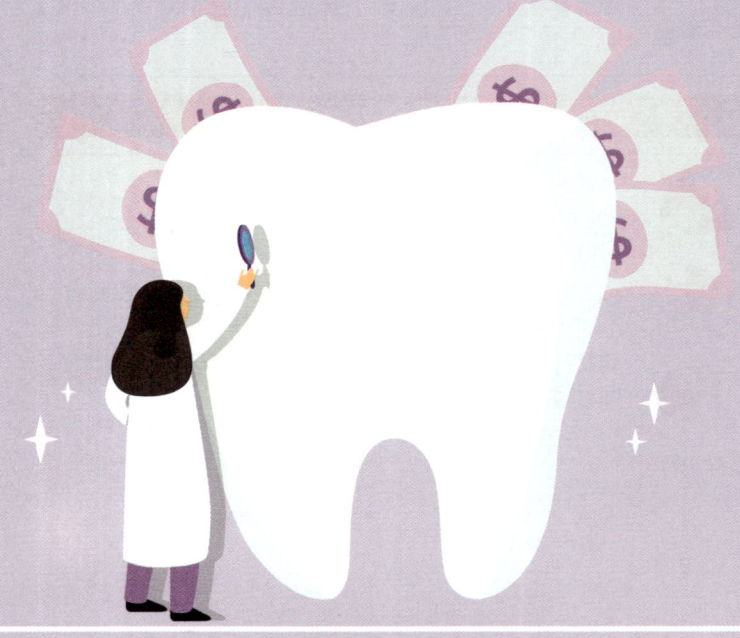

보험청구의 숨겨진 혜택 찾기

: 우리가 놓치고 있는 것들

보험약관 속 숨겨진 보장 찾아내기

종수술비 치조골 이식수술 보장

치조골 이식수술은 치과 치료 중 하나로, 주로 임플란트 시술 전 치조골이 부족한 경우 뼈를 보강하는 목적으로 시행된다. 일반적으로 임플란트 자체는 수술특약에서 보장되지 않지만, 2008년 3월 31일 이전 가입한 1-3종 수술특약에서는 치조골 이식수술을 2종 수술로 인정하여 보험금 지급이 가능하다.

[보험 가입 시기에 따른 치조골 이식수술 보장 여부]

가입 시기	적용 특약	보장 여부	보상 금액
2008년 3월 31일 이전	1-3종 수술특약	O 보상 가능	50~100만 원 (보험사별 상이)
2008년 4월 1일 이후	1-5종 수술특약	X 보상 불가	보장 제외 조항 포함

2008년 3월 31일 이전의 1-3종 수술특약 약관에는 치조골 이식수술이 명확히 제외된 항목이 없기 때문에, 골이식술의 한 종류로 인정되어 보상을 받을 수 있다. 수술확인서에 "치조골 이식수술" 또는 "bone graft" 등의 용어가 명확히 기재되어 있어야 하며, 치조골 이식이 동반된 임플란트 시술 없이 뼈이식만 해도 보상되는 것이 특징이다.

보험금 지급 금액은 보험사별로 차이가 있지만, 2종 수술로 분류되어 50만 원에서 100만 원 정도의 보상이 이루어진다. 그러나 하루에 여러 개의 치조골 이식수술을 받았다고 하더라도, 보험에서는 수술 1회로 인정되므로 수술 횟수가 아닌 1일 1회 기준으로 보상이 지급된다.

반면, 2008년 3월 31일 이후에 가입한 1-5종 수술특약에서는 약관이 개정되어 "치은, 치근, 치조골의 처치 및 임플란트 수술에 수반하는 경우는 제외한다"는 조항이 추가되었다. 따라서 이 이후에 가입한 보험에서는 치조골 이식수술도 보장에서 제외되며, 보험금을 받을 수 없다.

또한, 2008년 3월 31일 이전 가입한 1-3종 수술특약이라 하더라도 일부 보험사는 치조골 이식수술을 제외하는 조항을 포함한 경우가 있으므로, 보험금 청구 전 반드시 본인의 약관을 확인해야 한다. 보험사별로 보장 여부가 다를 수 있으므로, 보험 약관과 수술확인서를 꼼꼼히 검토하는 것이 중요하다. 상해로 치아 파절이 되어 발치 및 뼈이식을 할 때(치아-치근 파절 상병 필요) 상해 수술비와 골절 진단비, 골절 수술비를 받을 수 있으니 내 보험 특약을 잘 살펴보자.

대장 내시경 중 용종제거 시 수술비로 보장

위내시경 및 대장내시경 용종 제거는 현대 의료에서 흔히 시행되는 수술로, 이에 대한 보험 청구 방법을 알아두는 것은 중요하다. 하지만 이러한 수술비 보장은 가입한 보험 상품의 특약에 따라 보장 여부와 금액이 크게 달라질 수 있어 주의가 필요하다.

대표적으로 보험금을 청구할 수 있는 특약으로는 질병수술비 특약이 있다. 이 특약은 질병 치료 목적의 수술에 대해 보장하며, 용종 제거 시 일반적으로 30만 원에서 60만 원(보험사마다 상이하며 달마다 바뀔 수 있음)정도의 보험금을 받을 수 있다. 또한 1-5종 수술비 특약도 있는데, 이 경우 수술 코드가 일치할 때 보장되며, 대장 용종 제거는 주로 2종 수술로 분류되어 20만 원에서 50만 원 정도의 보상이 가능하다.

[특약별 대장 용종 제거 수술 보장 여부]

특약 유형	보장 가능 여부	지급 금액 범위
질병수술비 특약	O 가능	30~60만 원
1~5종 수술비 특약	O 가능 (수술 코드 필요)	20~50만 원
N대 수술비 특약	X 불가능	보장 제외
5대 기관 양성신생물 특약	보장 여부 불확실	기관에 위·대장이 포함되지 않으면 지급 불가

 최근에는 보장 범위가 확대된 17종 또는 18종 수술비 특약도 출시되었다. 그러나 이러한 특약들도 수술 및 질병 코드가 필요하며, 비급여 수술이 포함될 경우 보장이 제한될 가능성이 있다. 따라서 수술비 특약은 가입 상품에 따라 보장 금액과 조건이 다를 수 있으므로, 보험 청구 전 가입한 보험의 보장 범위를 정확히 확인하는 것이 필수적이다.

 반면, 모든 수술비 특약이 위내시경 및 대장내시경 용종 제거 수술을 보장하는 것은 아니다. N대 수술비 특약의 경우 특정 질병에 의한 수술비만 보장하므로, 위·대장 용종 제거는 면책 사항에 포함될 가능성이 높다. 또한 특정 5대 기관 양성신생물 수술비 특약도 수술비 명칭에

양성신생물이나 종양이 포함되어 있어도, 보장 기관에 위와 대장이 포함되지 않으면 보험금을 받을 수 없다.

보험금을 청구하기 위해서는 필요한 서류를 준비해야 하는데, 진단서, 수술 확인서, 영수증, 수술 코드(G523, G524, G525) 포함된 서류 등이 필요하다. 보험사에 따라 서류 요구 사항이 다를 수 있으므로, 사전에 확인하는 것이 중요하다. 또한, N대 수술비 특약이나 특정 질병 특약을 통해서는 보장받기 어려운 경우가 있으므로, 보험 가입 시 보장 여부를 미리 확인하는 것이 필요하다.

상해수술비로 창상봉합술 보상

창상봉합술에 대한 상해수술비 청구 가능 여부는 수술의 구체적인 성격과 의료 행위의 범위에 따라 결정된다. 창상봉합술은 크게 단순봉합과 변연절제술을 동반한 봉합으로 구분되며, 이 두 유형에 따라 보험금 지급 여부가 달라질 수 있다.

변연절제술(Debridement)을 동반한 창상봉합술은 손상된 조직이나 오염된 부위를 제거한 후 봉합하는 침습적인 의료 행위다. 실제 사례를 살펴보면, 한 피보험자가 손가락을 베어 응급실에서 변연절제술 후 봉합을 받았으나, 보험사는 이를 단순봉합으로 간주하여 상해수술비 지급을 거부했다. 그러나 이후 금융감독원 분쟁조정 과정에서, 변연절제술이 포함된 창상봉합술은 약관상 수술로 인정되어 결국 보험금이 지급되었다. 이 사례에서 중요한 점은 단순한 봉합이 아니라 조직 제거와 정리 과정이 포함되었기 때문에 보험 약관에서 정의하는 '수술'의 범위에 해당한다는 것이다.

반면, 단순 창상봉합술은 피부 표면의 상처를 봉합하는 기본적인 절차로, 조직을 절개하거나 변연절제 등의 처치를 포함하지 않는 경우가 대부분이다. 다른 사례에서는 피보험자가 넘어지거나 날카로운 물체에 의해 생긴 상처를 단순 봉합한 경우, 보험사는 이를 침습적인 외과적 처치로 인정하지 않아 보험금 지급을 거부했다. 금융감독원 역시 이 판단을 지지했으며, 약관에서 규정하는 '절개, 개복, 변연절제 등의 수술적 행위'가 포함되지 않은 경우에는 상해수술비 지급이 어렵다고 결론지었다.

[창상봉합술 보험금 지급 여부 결정 흐름]

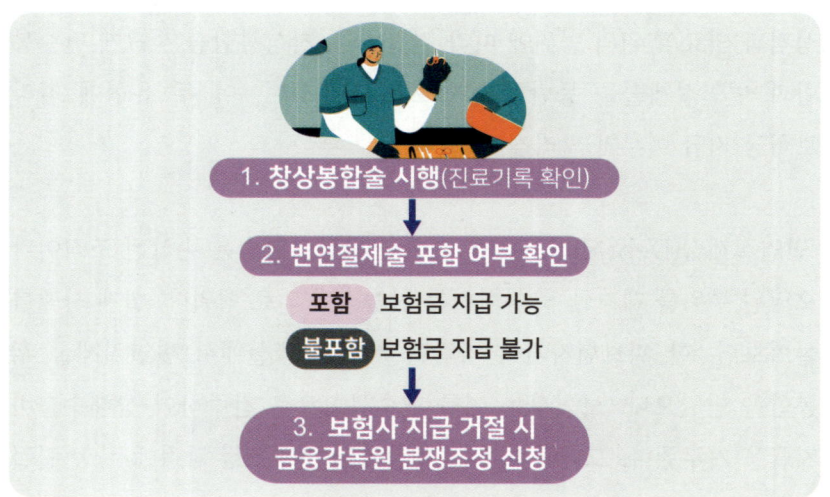

창상봉합술이 상해수술비 지급 대상이 되기 위해서는 청구 전 몇 가지 중요한 사항을 확인해야 한다.

첫째, 가입한 보험사의 약관에서 '수술'의 정의를 명확히 확인하고, 단순 봉합이 수술에 포함되는지 여부를 검토해야 한다. 이때 조직 박리, 절개, 변연절제 등의 과정이 포함되었는지가 핵심 판단 기준이 된다.

둘째, 의료기관에서 작성한 수술확인서, 의무기록, 수술기록지 등을 확보하여 변연절제술, 혈관 봉합, 근막 및 힘줄 봉합 등의 처치가 실제로 이루어졌는지 확인해야 한다. 이러한 의료 기록은 보험금 청구 과정에서 중요한 증거 자료가 된다.

셋째, 보험사에서 단순봉합으로 판단하여 지급을 거절하더라도, 실제 수술적 처치가 이루어졌다면 금융감독원 분쟁조정이나 법적 절차를 통해 구제받을 가능성이 있다. 따라서 보험사의 첫 판단에 무조건 따르기보다는 전문가의 조언을 구하는 것이 좋다.

질병수술비 면책사항에 해당하는 질환들

치질과 눈 다래끼(산립종)는 일상생활에서 흔히 발생할 수 있는 질환으로, 심해지면 수술적 치료가 필요한 경우가 있다. 이러한 수술을 받게 될 때 보험을 통해 경제적 부담을 줄일 수 있는지 알아보는 것은 중요하다.

치질은 생활습관이나 유전적 요인으로 인해 많은 사람들이 경험하는 질환이다. 초기에는 약물치료나 생활습관 개선을 통해 증상을 완화할 수 있지만, 증상이 악화되면 외과적 수술이 불가피하다. 치질 수술은 비교적 간단한 수술이지만, 의료비용과 함께 입원비나 추가적인 치료비가 발생할 수 있어 이에 대한 대비가 필요하다.

치질 수술에 대한 보험 보장은 가입한 보험 종류에 따라 달라진다. 생명보험의 경우 수술비 특약이 포함되어 있다면 치질 수술비 보장이 가능하다. 반면 손해보험에서는 치질 수술비 보장을 받기 위해 별도의 특약, 예를 들어 N대 질병수술비 특약을 추가로 가입해야 한다. 124대 질병수술비 특약과 같은 포괄적인 특약을 가입한 경우 치질 수술도 보장 범위에 포함될 가능성이 높다. 그러나 보험사별로 약관이 다를 수 있으므로, 가입한 보험의 증권을 꼼꼼히 확인하는 것이 중요하다. 또한 치질 자체는 진단비 보장이 없으나, 치질 수술비 특약을 충분히 가입해 두면 수술 시 보험금을 받을 수 있다.

눈 다래끼(산립종)는 눈꺼풀에 염증이 생겨 멍울이 형성되는 질환으로, 대부분 자연 치유되지만 심한 경우에는 수술이 필요할 수 있다. 이 질환에 대한 수술은 일반적으로 "산립종 절개술"이라고 하며, 눈꺼풀을 절개하여 염증을 제거하는 수술이다. 이 수술에 대한 보험 적용 여부는 가입한 보험의 약관에 달려있다.

보험 약관에서 "수술"은 일반적으로 의료법 제3조에서 정한 병원 또는 의원에서 의사의 관리하에 기구를 사용하여 생체를 절단하거나 절제하는 행위를 의미한다. 이 정의에 따르면 산립종 절개술은 보험약관에서 정하는 '수술'의 범위에 포함될 가능성이 있다. 그러나 많은 보험 약관에는 보상하지 않는 특정 수술이 명시되어 있으며, 과거 약관에서는 "흡인, 천자, 신경차단술" 등이 보상 제외 항목이었다. 최근 약관에서는 미용성형 목적의 수술, 검사 및 진단을 위한 수술, 변연절제를 동반하지 않은 단순 창상봉합술, 치과 관련 처치 등이 추가되었으며, 일부 보험사의 약관에는 "콩다래끼(산립종) 수술"이 보상 제외 항목에 명시적으로 포함된 경우도 있다.

만약 해당 약관에 산립종 절개술이 보상 제외 항목으로 명시되어 있다면, 질병수술비 특약으로 보험금을 받을 수 없다. 그러나 보상 제외 항목에 포함되지 않은 경우에는 질병수술비 보험금을 청구할 수 있다.

양쪽 눈에 다래끼가 생겨 모두 수술한 경우, 보험금 청구 가능 여부도 중요한 문제다. 질병수술비 약관에는 '1년 이내 동일한 질병으로 수술할 경우 1회만 지급한다'는 조항이 포함될 수 있다. 그러나 같은 병명이라고 하더라도, 양쪽 눈 각각에 발생한 경우에는 별도로 보상받을 수 있다. 이는 백내장 수술과 동일한 원칙이 적용되며, 각각 다른 부위에서 발생한 경우에는 별도의 보장이 가능하다.

또한, 일부 보험 상품에서는 시청각질환수술비 특약이 포함되어 있을 수 있다. 해당 특약에 가입되어 있을 경우, 산립종 절개술이 '눈꺼풀, 눈물계통 및 안와의 장애(H00 ~ H06)'에 해당하면 보상이 가능하다. 따라서, 가입한 보험에 이 특약이 포함되어 있는지도 확인할 필요가 있다.

 결론적으로, 치질이나 눈 다래끼 같은 흔한 질환에 대한 수술비 보장은 가입한 보험의 약관과 특약 내용에 따라 크게 달라질 수 있다. 따라서 보험 가입 시 이러한 질환들에 대한 보장 여부를 확인하고, 필요하다면 적절한 특약을 추가하는 것이 중요하다.

[치질·눈 다래끼(산립종) 보장 여부]

질환 유형	보장 가능 특약	지급 금액 범위	보장 제외 가능성
치질	생명사 질병수술비, 124대 질병수술비 특약, N대 질병수술비 특약	보장 가능 시 30~100만 원	일부 특약에서 보장 제외
눈 다래끼 (산립종)	시청각질환수술비 특약	보장 가능 시 10~30만 원	일부 약관에서 보장 제외 조항 포함

숨겨진 보험금 청구 방법

일상생활배상책임보험 활용하기

 일상생활배상책임보험(이하 일배책보험)은 일상생활 중 부주의로 인해 타인의 신체나 재산에 피해를 주었을 때 배상 책임을 보장하는 보험이다. 자동차보험이 운행 중 발생한 사고만을 보장하는 것과 달리, 일배책보험은 자동차 운행과 무관한 상황에서 발생한 사고에도 적용된다. 대표적으로 이중주차 사고, 누수 사고, 타인의 물건을 파손한 경우 등이 포함된다.

이중주차 차량을 밀다가 발생한 사고

 아파트나 상가 주차장에서 이중주차된 차량을 밀다가 사고가 발생하는 경우가 많다. 하지만 자동차보험은 주차된 차량을 밀다가 발생한 사고를 보장하지 않기 때문에, 이러한 경우에는 일배책보험을 활용해야 한다. 이중주차 차량을 밀다가 옆 차량에 흠집을 내거나 찌그러뜨리는 경우, 차량이 미끄러지면서 다른 차량과 충돌하는 경우가 대표적인 사례다.

 이러한 사고가 발생하면 자동차보험이 아닌 일배책보험으로 보상 신청을 할 수 있다. 따라서 개인적으로 가입한 보험 내역을 확인하고, 해당 특약이 포함되어 있는지 체크하는 것이 중요하다.

누수 사고 보상

 아파트나 빌라에서 누수가 발생해 아래층 이웃집에 피해를 주는 경우, 수리비와 피해 보상비가 발생할 수 있다. 이때 일배책보험이 있다면 누수 피해 보상을 받을 수 있다. 누수 사고로 인해 발생할 수 있는 보상 항목으로는 이웃집의 천장이나 벽지 손상에 대한 수리비, 물이 스며들어 가전제품이 고장난 경우의 보상, 누수로 인해 거주할 수 없는 상황에서 발생하는 대체 숙소 비용 일부 지원 등이 있다.
 그러나 누수 사고를 보상받기 위해서는 몇 가지 주의할 점이 있다. 보험금 청구 시 자기부담금이 발생할 수 있으므로 가입한 보험의 자기부담금 조건을 확인해야 한다. 또한, 누수 원인이 노후된 배관 문제일 경우 보험 적용이 어려울 수 있으므로, 사고 발생 시 원인을 명확히 파악하는 것이 필요하다.

타인의 물건을 파손한 경우

 일상생활 중 실수로 타인의 물건을 망가뜨리는 경우도 빈번하게 발생한다. 예를 들어, 카페에서 실수로 옆자리 손님의 노트북에 커피를 쏟았거나, 가게에서 비싼 진열 상품을 떨어뜨려 파손하는 상황이 이에 해당한다. 이와 같은 상황에서 일배책보험을 활용하면 손해 배상을 받을 수 있다.
 보상이 가능한 사례로는 실수로 친구의 스마트폰을 떨어뜨려 액정이 깨진 경우, 자녀가 놀다가 친구의 장난감을 망가뜨린 경우, 호텔에서 실수로 비싼 장식품을 파손한 경우 등이 있다. 보험금 청구 시 보험사는 손해 사정을 통해 피해 금액을 산정하고 보상을 지급하게 된다.

[일배책보험으로 보상 가능한 사례 예시]

친구의 스마트폰을 떨어뜨린 경우

자녀가 친구의 장난감을 망가뜨린 경우

호텔에서 장식품을 파손한 경우

일상생활배상책임보험 자기부담금 없이 활용하는 방법

일상생활배상책임보험은 피보험자 형태에 따라 일반일상생활배상책임보험과 자녀, 가족 일상배상책임보험등으로 나뉜다. 일상생활배상책임보험은 자기부담금이 아래와 같이 존재한다.

자기부담금 규정

일배책보험을 활용할 때 자기부담금이 적용될 수 있다.
인적 사고의 경우 자기부담금이 없지만, 물적 사고에서는 일정 금액이 공제된다.

주택 누수 사고
자기부담금 50만 원

기타 일반 사고
자기부담금 20만 원

또한, 시기별로 자기부담금 규정이 변화해 왔다.

시기	자기부담금
2009년 8월 이전	2만 원
2009년 8월 이후	20만 원
2020년 4월 이후	일반 사고 20만 원, 누수 사고 50만 원

자기부담금을 부담하지 않고 보험금을 수령할 수 있는 방법 중 하나는 가족 구성원이 개별적으로 가족일상배상책임보험에 가입하는 것이다. 가족일상배상책임보험은 독립 책임액에 따라 비례 배상이 이루어지므로, 동일한 사고에 대해 가족별로 보험금을 신청할 수 있다.

예를 들어, 피해액이 40만 원인 PC 파손 사고가 발생했다고 가정하자.

1인만 가입한 경우: 자기부담금 20만 원을 공제한 후 20만 원만 보상받을 수 있다.

가족 구성원 모두 가입한 경우: 부모 1인이 20만 원, 자녀 1인이 20만 원을 각각 청구하여 총 40만 원 전액을 보상받을 수 있다.

이처럼 가족 구성원이 각각 일배책보험에 가입되어 있다면, 자기부담금을 최소화하면서도 실질적인 피해 금액을 온전히 보상받을 수 있다.

화재보험 활용하기

화재는 예고 없이 발생하는 사고로, 이를 대비하기 위해 건물주와 세입자 모두 화재보험에 가입하는 것이 필수적이다. 화재보험은 사고 발생 시 재산 피해를 보상받을 수 있는 중요한 수단이며, 건물주와 세입자가 각각 가입해야 하는 이유는 책임 소재에 따라 보상의 범위가 달라질 수 있기 때문이다.

먼저, 건물주의 입장에서 화재보험 가입은 필수적이다. 건물주는 소유하고 있는 건물을 보호하기 위해 화재보험을 가입해야 하며, 이를 통해 화재로 인한 건물 손상을 보상받을 수 있다. 또한, 건물주는 소방

시설을 관리하고 화재 예방 조치를 수행할 법적 책임이 있기 때문에, 보험 가입을 통해 이에 대한 재정적 대비를 마련할 필요가 있다. 만약 건물에서 발생한 화재가 인근 건물로 번지는 경우, 건물주는 제3자 피해에 대한 배상책임을 질 수도 있다. 이러한 상황에서 화재보험은 건물주가 감당해야 할 재정적 부담을 줄이는 역할을 하므로 반드시 가입하는 것이 바람직하다.

 세입자 역시 화재보험에 가입하는 것이 중요하다. 임대차 계약이 종료되었을 때 세입자는 원상복구 의무를 수행해야 하는데, 화재로 인해 임차한 공간이 손상된 경우 수리 비용이 상당할 수 있다. 따라서 이에 대비하기 위해 화재보험 가입이 필요하다. 또한, 화재로 인해 가재도구나 개인 재산이 손실될 가능성이 있기 때문에, 보험을 통해 피해를 보상받을 수 있도록 준비해야 한다. 만약 세입자의 과실로 화재가 발생한 경우, 건물주뿐만 아니라 제3자에게까지 배상해야 할 책임이 발생할 수 있으므로, 이러한 위험을 대비하는 차원에서도 화재보험 가입이 필수적이다.

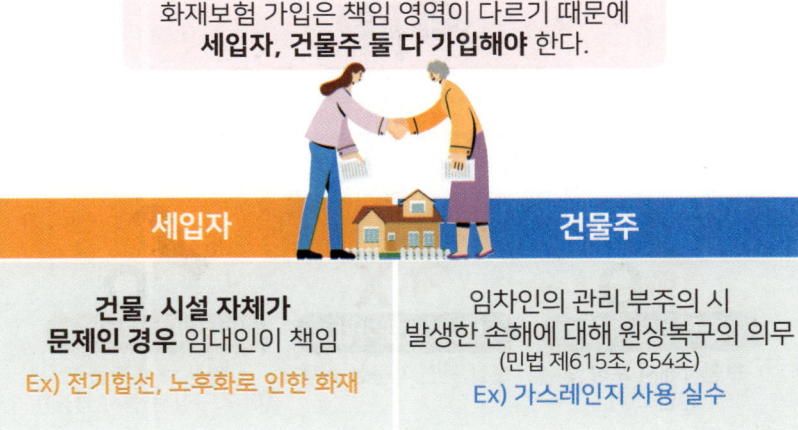

화재 발생 시 보상 절차는 가입한 보험의 내용에 따라 차이가 있을 수 있다. 일반적으로 건물주가 화재보험에 가입한 경우, 화재가 발생하면 보험사는 먼저 건물주에게 보상금을 지급한다. 이후 보험사는 화재 원인을 조사하게 되는데, 만약 세입자의 과실로 인해 화재가 발생한 것으로 판명되면, 지급한 보상금에 대해 세입자에게 구상권을 행사할 수 있다. 따라서 세입자 역시 화재보험에 가입하여 이와 같은 상황에 대비하는 것이 중요하다.

특히 건물주가 화재보험을 가입하지 않은 경우, 피해 보상이 지연될 가능성이 있다. 이러한 상황에서 세입자가 별도로 가입한 화재보험이 있다면, 이를 통해 먼저 피해 보상을 받을 수 있으며, 이후 세입자의 보험사가 건물주에게 구상 청구를 진행할 수도 있다. 이러한 절차를 통해 보다 신속한 피해 복구가 가능해진다.

[화재 보상 절차]

화재보험은 예상치 못한 화재 사고로 인한 재정적 부담을 줄이는 중요한 역할을 한다. 많은 사람들이 자동차보험이나 실손의료보험은 필수적으로 가입하면서도, 화재보험의 중요성을 간과하는 경우가 많다. 하지만 화재는 누구에게나 발생할 수 있는 사고이며, 화재보험을 통해 미리 대비해 둔다면 갑작스러운 사고로 인해 발생하는 경제적 손실을 최소화할 수 있다. 건물주와 세입자 모두 자신의 상황에 맞는 화재보험을 가입하고, 사고 발생 시 보험금을 적절히 활용할 수 있도록 준비하는 것이 중요하다.

운전자보험 활용하기

운전자보험은 교통사고로 인한 법적·경제적 책임과 치료비를 보장받기 위한 중요한 보험이다. 일반 자동차보험은 주로 사고 상대방의 피해를 보장하는 것이 목적이기 때문에 운전자 본인의 부상 치료비는 보장되지 않는 경우가 많다. 그러나 운전자보험의 자기부상 치료비(자부상 치료비) 특약에 가입하면 단독사고로 인해 발생한 치료비도 보상받을 수 있다.

자부상 치료비는 운전자가 교통사고로 부상을 입었을 때 치료비를 보장하는 보험 항목으로, 차량 단독사고 발생 시에도 보장된다는 점이 가장 큰 장점이다. 예를 들어 커브길에서 미끄러져 가드레일이나 돌에 부딪히는 사고가 발생할 경우, 자동차보험의 자차 특약으로 차량 수리는 가능하지만 운전자의 치료비는 보장되지 않는다. 이때 운전자보험의 자부상 치료비 특약이 있다면 병원비를 보장받을 수 있다.

[단독사고 보장 예시]

 운전자보험의 자부상 치료비는 입원비, 통원 치료비, 수술비, 검사비 등 다양한 항목을 보장한다. 단독사고의 경우에도 보장받을 수 있기 때문에, 자차 보험과 함께 활용하면 운전자 본인의 경제적 부담을 크게 줄일 수 있다. 예를 들어 운전 중 빙판길에서 차량이 미끄러져 전신주를 들이받고 다리를 다친 경우, 자차 보험으로 차량 수리를 진행한 후 운전자보험을 통해 본인의 병원비를 보상받을 수 있다.

 자부상 치료비 특약의 보장 한도는 가입한 상품과 선택한 옵션에 따라 차이가 있다. 일반적으로 10만 원 30만 원 범위 내에서 보상이 가능하다. 해당 특약은 실비 보상이 아닌 상해등급 별 정액 지급을 하고 있다. 동승 중 간단한 교통사고가 발생한 경우 본인 운전자 보험에서 자 부상 치료비에 가입되어 있으면 보상이 가능하다. 운전자 보험에서 간단한 사고라도 보상받을 수 있는 자부상 치료비 가입 여부와 가입한도를 확인하는 것이 중요하다.

자동차보험의 자손과 자상 특약 활용하기

자동차를 운전하다 보면 예상치 못한 사고가 발생할 수 있다. 사고가 났을 때는 차량 수리비뿐만 아니라 운전자 본인의 부상에 대한 치료비도 필요하다. 이때 자동차보험에서는 운전자의 신체 피해를 보장하기 위해 자기신체사고(자손)와 자동차상해(자상) 두 가지 특약을 제공한다. 두 특약은 운전자가 사고로 다쳤을 때 보험금을 받을 수 있다는 점에서는 동일하지만, 보상 방식과 범위에서 큰 차이가 있다.

[자손과 자상의 차이점 비교]

구분	자기신체사고(자손)	자동차상해(자상)
보상 방식	상해 등급별 정액 보상	실제 치료비 전액 보상
보장 범위	치료비만 보상	치료비 + 위자료 + 휴업손해 + 간병비 포함
과실 비율 적용	과실 비율에 따라 감액	과실 비율과 관계없이 전액 보상
가입 한도	부상 최대 3천만 원, 사망·후유장해 1억 원	상해 1억 원, 후유장해 5억 원
보험료	상대적으로 저렴	상대적으로 높음

자기신체사고(자손) 특약은 운전자가 사고로 다쳤을 때 상해 등급에 따라 정해진 금액을 보상하는 방식이다. 예를 들어, 사고로 척추 염좌 진단을 받았을 경우, 해당 상해 등급에 따라 정해진 보험금을 보상을 받을 수 있다. 그러나 자손 특약에는 몇 가지 제한이 있다. 첫째, 치료비 외에 위자료나 휴업손해 등의 추가 보상이 없다. 즉, 사고로 인해 일을 쉬어야 하는 경우라도 소득 손실에 대한 보상은 받을 수 없다. 둘째, 사고가 쌍방 과실로 발생했다면, 내 과실 비율만큼 보상금이 줄어든다. 예를 들어, 내 과실이 30%인 경우, 원래 받을 수 있는 100만 원의 합의

금 중 30만 원이 차감되며, 치료비 중에서도 일정 금액을 본인이 부담해야 한다. 자손 특약의 가장 큰 장점은 상대적으로 저렴한 보험료로 가입할 수 있어 경제적인 부담을 줄이면서 기본적인 치료비 보장을 받을 수 있다.

반면, 자동차상해(자상) 특약은 자손보다 더 포괄적인 보장을 제공한다. 자손과 달리, 자상은 실제 발생한 치료비를 전액 보상받을 수 있다. 예를 들어, 사고로 인해 병원비가 500만 원이 나왔다면, 자손 특약에서는 등급별 보상 한도 내에서만 보상을 받을 수 있지만, 자상 특약은 실제 치료비 전액을 보장한다.

[사고 발생 시 자손과 자상의 보상 차이 예시]

사고 유형	병원비	자손 특약 보상금	자상 특약 보상금
척추 염좌 (경미)	100만 원	50만 원 (상해 등급에 따른 정액 보상)	100만 원 (전액 보상)
골절 (중상)	500만 원	300만 원 (상해 등급별 한도 적용)	500만 원 (전액 보상)
수술 필요 (중증)	1,200만 원	500만 원 (최대 보상 한도 적용)	1,200만 원 (전액 보상)

또한 자상 특약은 치료비뿐만 아니라 위자료, 휴업손해, 간병비 등도 포함하여 보상해 준다. 따라서 사고로 인해 일을 쉬게 되어 경제적 손실이 발생하더라도 보상을 받을 수 있다. 더욱이 과실 비율과 상관없이 보상이 가능하다는 점이 가장 큰 장점이다. 즉, 쌍방 과실 사고에서 내 과실이 30%라 하더라도 보상금이 감액되지 않으며, 치료비도 전액 보장된다. 물론 자상 특약은 자손에 비해 보험료가 자손 특약 대비 높은 편이다. 하지만 실제 사고가 발생했을 때 보상 범위가 훨씬 넓고,

과실 비율에 상관없이 보장받을 수 있다는 점을 고려하면 충분히 합리적인 선택이 될 수 있다.

 자손과 자상의 가장 큰 차이는 보상 방식과 보장 범위에 있다. 자손은 상해 등급에 따라 정해진 금액을 지급하는 반면, 자상은 실제 손해액 전액을 보상한다. 보상 범위에서도 자손은 치료비만 보상하지만, 자상은 치료비, 위자료, 휴업손해, 간병비를 모두 포함한다. 과실상계 측면에서도 자손은 과실 비율에 따라 보상금이 감액되지만, 자상은 과실 비율과 관계없이 보상이 이루어진다. 가입 한도 역시 자손은 최대 부상 3천만 원, 사망·후유장해 1억 원인데 비해, 자상은 상해 1억 원, 후유장해 5억 원으로 더 높다.

사고, 질병, 비급여 항목까지 전방위 활용법

보험의 면책기간과 감액기간

보험을 가입할 때 많은 사람들이 간과하는 중요한 요소가 있다. 바로 면책기간과 감액기간이다. 이 두 가지를 제대로 이해하지 못하면 막상 보험금이 필요한 시점에 예상치 못한 불이익을 겪을 수 있다.

보험상품은 가입 즉시 모든 보장이 적용되지 않는다. 보험사는 일정 기간 동안 보장이 제한되는 면책기간과 보장 금액이 일부만 지급되는 감액기간을 설정하고 있다. 이러한 기간이 존재하는 이유와 역할에 대해 자세히 알아볼 필요가 있다.

[면책기간 vs 감액기간]

구분	면책기간	감액기간
정의	보험 가입 후 일정 기간 동안 보험금 지급이 제한되는 기간	보험 가입 후 일정 기간 동안 보험금이 일부만 지급되는 기간
이유	역선택 방지 (고위험군 가입 집중 방지)	단기간 내 고액 보험금 지급 리스크 완화
예시	암보험 면책기간 : 가입 후 90일	암보험 감액기간: 가입 후 1~2년 동안 보험금 50% 지급
보장 여부	기간 중에는 보험금 지급 불가	기간 중에는 보험금이 일부만 지급됨

면책기간은 보험 가입 후 일정 기간 동안 보험금 지급이 제한되는 기간을 의미한다. 이 기간 동안에는 질병이나 사고가 발생해도 보험금을 받을 수 없다. 보험사가 면책기간을 설정하는 이유는 역선택을 방지하기 위함이다. 역선택이란 이미 질병이 있거나 위험성이 높은 가입자가

집중적으로 보험에 가입하는 현상을 말한다. 보험사는 이러한 리스크를 관리하기 위해 면책기간을 두고 있다.

치아보험의 경우, 면책기간은 보통 90일에서 180일 사이로 설정된다. 이는 보험 가입 직후 보험금을 청구하는 부정 가입을 방지하고 보험사의 리스크를 관리하기 위한 조치다. 또한 일부 치료 항목, 특히 임플란트나 보철치료와 같은 고액 치료에는 대기기간이 추가로 적용될 수 있다. 이는 보험 가입 후 일정 기간이 지나야 보장이 시작됨을 의미한다.

암보험의 면책기간은 일반적으로 90일로 설정되지만, 보험사에 따라 더 길게 설정되는 경우도 있다. 이 역시 역선택을 방지하고 보험사의 리스크를 관리하기 위한 조치다. 다만, 만 15세 미만의 가입자에게는 면책기간이 적용되지 않는 경우도 있으니 확인이 필요하다.

면책기간은 보험사가 보장 책임을 부담하기 전에 설정하는 일종의 보호 장치다. 이를 미리 확인하지 않으면 정작 보험금이 필요할 때 보상을 받지 못하는 난처한 상황에 처할 수 있다.

감액기간은 보험 가입 후 일정 기간 동안 보장 금액이 일부만 지급되는 기간을 말한다. 면책기간이 지났다고 해서 보험금이 100% 지급되는 것은 아니다. 감액기간 동안에는 보험금이 일정 비율만큼 감액되어 지급된다.

예를 들어, 암보험의 경우 가입 후 1~2년 동안은 보험금이 50%만 지급되는 경우가 많다. 감액기간이 설정되는 이유는 보험사가 단기간 내에 고액 보험금을 지급해야 하는 리스크를 줄이기 위해서다. 감액기간이 끝난 이후부터는 계약서에 명시된 보장 금액을 전액 받을 수 있다.

[감액기간 적용 방식 예시]

보험 종류	감액기간 (예시)	감액기간 중 보장금액	감액기간 종료 후 보장금액
암보험	가입 후 1~2년	가입 1년 차: 50% 지급 가입 2년 차: 80% 지급	100% 지급
치아보험	가입 후 1년	50% 지급	100% 지급
실손보험	감액기간 X	-	-

 보험을 가입할 때는 단순히 보험료와 보장 내용만 확인하는 것으로는 충분하지 않다. 면책기간과 감액기간도 꼼꼼하게 확인해야 한다. 가입한 보험의 면책기간과 감액기간이 각각 얼마인지, 보험 가입 후 언제부터 보장이 시작되는지 명확히 파악해야 한다.

 또한 면책기간 중 질병이 발생할 경우 보험금 지급이 불가능하다는 점을 반드시 인지해야 한다. 감액기간 동안에는 보장 금액이 일부만 지급된다는 점도 고려하여 재정 계획을 세워야 한다.

 보험은 예기치 못한 사고나 질병에 대비하는 중요한 수단이다. 하지만 면책기간과 감액기간을 알지 못하면 보험의 혜택을 제대로 누리지 못할 수 있다. 따라서 보험 가입 전에 이 두 가지 요소를 충분히 이해하고, 본인의 상황에 맞는 상품을 선택하는 것이 중요하다.

 보험 약관은 복잡하고 이해하기 어려운 경우가 많다. 하지만 면책기간과 감액기간은 보험금 지급에 직접적인 영향을 미치는 중요한 요소이므로 반드시 확인해야 한다. 보험 설계사나 전문가와 상담할 때도 이

부분을 명확히 물어보고 이해하는 것이 좋다.

질병으로 인한 비급여 주사의 보험 보장 여부

비급여 주사와 실손보험의 관계

 의료기관을 방문하면 다양한 종류의 주사 치료를 받게 되는 경우가 많다. 이 중 건강보험이 적용되지 않는 '비급여 주사'는 환자가 전액 부담해야 하므로 실손의료보험을 통한 보장 여부가 중요한 관심사가 된다. 특히 감기나 몸살과 같은 일반적인 질병으로 병원을 방문했을 때 처방받는 비급여 주사가 실손보험으로 보장되는지에 대한 혼란이 많다. 이에 비급여 주사의 보험 보장 기준과 몸살 닝겔(영양제 주사)과 같은 비급여 주사의 보장 여부에 대해 자세히 알아보도록 하겠다.

 비급여 주사란 국민건강보험에서 보장하지 않는 주사 치료를 말한다. 의료기관에서는 이러한 비급여 주사에 대해 자율적으로 가격을 책정할 수 있어 같은 주사라도 병원마다 가격 차이가 크게 나타날 수 있다. 대표적인 비급여 주사로는 영양제 주사(비타민 주사, 마늘주사 등), 면역 증강 주사, 플라센타 주사, 줄기세포 주사 등이 있다.

 실손의료보험은 원칙적으로 '질병이나 상해로 인한 치료 목적'의 의료비를 보장한다. 따라서 비급여 주사라 하더라도 치료 목적이라면 보장받을 수 있다. 그러나 최근 실손보험 청구가 급증하면서 보험사와 금융감독원은 비급여 주사에 대한 보장 기준을 강화하고 있다. 이로 인해 과거에는 보장되던 비급여 주사가 현재는 보장되지 않는 경우가 늘어나고 있다.

비급여 주사의 보험 보장 기준

비급여 주사가 실손보험으로 보장받기 위해서는 다음과 같은 조건을 충족해야 한다.

[비급여 주사 실손보험 보장 여부 판단 기준]

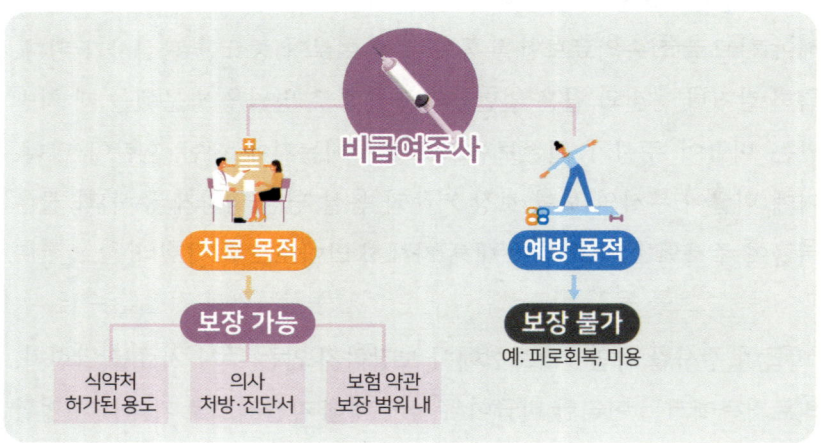

첫째, 의학적으로 인정된 치료 목적이어야 한다. 식품의약품안전처(식약처)에서 허가한 효능·효과 및 용법·용량에 부합하는 사용이어야 한다. 예를 들어, 마늘주사(비타민 B1)는 '비타민 B1 결핍증 예방 및 치료'라는 허가사항을 가지고 있다. 따라서 비타민 B1 결핍으로 인한 질환 치료 목적으로 사용될 때만 보장이 가능하다.

둘째, 단순 피로회복이나 미용 목적이 아니어야 한다. 실손보험은 질병이나 상해의 치료에 필요한 의료비를 보장하는 것이 목적이므로,

피로회복이나 체력증진, 면역력 강화와 같은 예방적 목적의 주사는 보장 대상에서 제외된다. 또한 미용이나 성형 목적의 주사 역시 보장되지 않는다.

셋째, 의사의 처방과 임상적 근거가 명확해야 한다. 주사 치료가 해당 질병의 치료나 증상 완화에 효과적이라는 의학적 근거가 있어야 하며, 이를 뒷받침할 수 있는 진단서나 소견서가 있어야 한다.

넷째, 보험 약관에서 정한 보장 범위 내에 있어야 한다. 실손보험의 세대(1~4세대)와 가입 시기에 따라 보장 범위와 조건이 다를 수 있으므로, 본인이 가입한 보험의 약관을 정확히 확인하는 것이 중요하다.

몸살 닝겔(영양제 주사)의 보험 적용 여부

'닝겔'이란 일반적으로 링거액(생리식염수 등)에 비타민, 아미노산 등의 영양제를 섞은 수액 주사를 말하는 속어다. 몸살이나 감기 증상으로 병원을 방문했을 때 흔히 처방받는 이 '닝겔'이 실손보험으로 보장되는지는 다음과 같은 기준으로 판단된다.

보장되는 경우

1. 질병 치료 목적이 명확한 경우
몸살이나 감기와 같은 질병으로 인한 탈수 상태, 발열, 구토 등의 증상 완화를 위해 처방받은 수액이라면 보장받을 가능성이 높다. 이 경우 의사의 진단서나 소견서를 통해 치료 목적임을 증명할 수 있어야 한다.

2. 식약처 허가사항에 부합하는 경우
주사에 포함된 성분이 해당 질병의 치료에 효과가 있다고 식약처에서 인정한 경우다. 예를 들어, 구토와 설사로 인한 탈수 상태에 처방된 전해질 보충 수액은 보장받을 수 있다.

3. 진단명과 처방 내용이 일치하는 경우

진단서상의 질병과 처방된 주사의 목적이 일치하는 경우다. 감기 진단을 받고 감기 증상 완화를 위한 해열, 진통, 항히스타민 성분이 포함된 주사는 보장받을 수 있다.

보장되지 않는 경우

1. 단순 피로회복이나 체력증진 목적인 경우

특별한 질병 없이 단순 피로회복이나 컨디션 개선을 위해 맞은 비타민 주사는 보장되지 않는다. 예를 들어, 야근 후 피로해서 맞은 비타민 주사는 치료 목적으로 인정되지 않는다.

2. 숙취해소 목적인 경우

음주 후 숙취 해소를 위해 맞은 수액 주사는 질병 치료로 볼 수 없어 보장되지 않는다.

3. 의학적 근거가 부족한 경우

해당 주사가 진단받은 질병의 치료에 효과적이라는 의학적 근거가 부족한 경우 보장이 어려울 수 있다. 특히 고가의 줄기세포 주사나 플라센타 주사 등은 의학적 근거가 부족하다는 이유로 보장이 거절되는 경우가 많다.

4. 식약처 허가사항을 벗어난 경우

주사의 성분이 해당 질병 치료에 대한 식약처 허가를 받지 않은 경우 보장되지 않는다. 특히 4세대 실손보험은 이 기준을 엄격히 적용한다.

5. 비타민C, 마늘 주사 등 일반적인 영양제 주사

비타민C나 마늘 주사(비타민 B1)는 특정 비타민 결핍 질환의 치료가 아닌 한 일반적으로 보장되지 않는 추세다. 이러한 주사는 대부분 피로회복이나 면역력 증강 목적으로 보아 보장에서 제외된다.

금융감독원의 비급여 주사 관리 강화

최근 금융감독원은 비급여 주사에 대한 보험금 청구가 급증하면서 관리 기준을 강화하고 있다. 비급여 주사 관련 보험금 청구가 최근 2년간 두 배로 증가했으며, 이로 인한 실손보험 손해율 상승이 문제가 되고 있다.

금감원은 비급여 주사제 처방과 관련해 소비자 경보를 발령할 계획이며, 과도한 처방에 편승할 경우 실손보험금을 받지 못할 수 있다는 경고를 하고 있다. 또한 비급여 주사제 관련 보험금 지급이 정상적으로 이루어졌는지, 보험사기 의혹이 없는지 등을 조사할 계획을 밝혔다.

특히 고가의 비급여 주사(예: 줄기세포 주사)와 관련된 보험금 청구가 급증하면서, 금감원은 이러한 항목에 대한 기획조사를 강화하고 있다. 일부 의료기관에서는 "아파서 주사 맞았다고 하세요"라며 실손보험 청구를 위한 부적절한 안내를 하는 경우도 있어 이에 대한 관리도 강화되고 있다.

비급여 주사 보장에 대한 보험사별 차이

실손보험은 보험사마다, 또 같은 보험사 내에서도 상품별로 보장 범위와 조건이 다를 수 있다. 또한 실손보험이 1세대부터 4세대까지 발전해오면서 세대별로도 보장 범위가 달라졌다. 따라서 본인이 가입한 실손보험의 약관을 정확히 확인하는 것이 중요하다.

세대별 실손보험의 비급여 주사 보장 차이

· **1~3세대 실손보험**: 비급여 주사에 대한 보장 기준이 상대적으로 유연한 편이다. 치료 목적임이 인정되면 다양한 비급여 주사를 보장받을 수 있었다. 그러나 최근에는 이러한 구세대 실손보험도 금감원의 지침에 따라 보장 기준이 엄격해지는 추세다.

· **4세대 실손보험**: 2021년 7월 이후 출시된 4세대 실손보험은 비급여 항목에 대한 보장을 제한하고 있다. 특히 식약처 허가사항(효능·효과 및 용법·용량)에 부합하지 않는 사용은 치료 목적으로 인정되지 않으며, 보험금 지급이 불가능하다. 또한 비급여 의료비에 대해 연간 일정 금액 한도로 보상을 제공하며, 보장 비율도 70%로 낮아졌다.

[실손보험 세대별 비급여 주사 보장 차이]

1세대	2세대	3세대	4세대
비급여 100% 보장	비급여 90% 보장	일부 제한, 연간 한도 有	거의 보장X, 70%만 보장

비급여 주사 보장에 관한 최근 동향

· **관리급여 도입**: 정부는 비급여 항목 중 남용 우려가 큰 항목을 '관리급여'로 지정하여 건강보험 체계에 편입시키고, 본인부담률을 90~95%로 높이는 방안을 추진하고 있다. 이를 통해 비급여 주사의 가격 투명성을 높이고, 과잉 진료를 줄이고자 한다.

· **비급여 표준화 및 모니터링 강화**: 비급여 명칭과 코드를 표준화하고, 비급여 목록 고시 전 사전 보고 시스템을 통해 모니터링을 강화할 계획이다. 이를 통해 비급여 주사의 관리 체계를 개선하고자 한다.

· **비급여 정보 공개 및 환자 선택권 강화**: 비급여 항목별 가격 정보를 공개하고, 환자에게 설명과 동의서를 받도록 의무화하는 방안을 추진 중이다. 이를 통해 환자들이 비급여 주사의 비용과 효과를 사전에 알고 선택할 수 있도록 하고자 한다.

· **비급여 이용량에 따른 보험료 조정**: 최근에는 비급여 의료 이용량에 따라 보험료가 조정되는 제도가 도입되었다. 비급여 보험금을 많이 수령한 경우 보험료가 최대 300%까지 할증되고, 적게 수령한 경우 할인될 수 있다. 이는 불필요한 비급여 의료 이용을 줄이기 위한 조치다.

질병으로 인한 비급여 주사의 보험 보장 여부는 복잡한 문제다. 원칙적으로 실손보험은 '질병이나 상해로 인한 치료 목적'의 의료비를 보장하지만, 피로회복이나 면역력 증강과 같은 예방적 목적의 주사는 보장 대상에서 제외된다. 특히 몸살이나 감기 증상으로 맞는 영양제 주사(닝겔)는 치료 목적임을 명확히 증명할 수 있어야 보장받을 수 있다.

최근 금융감독원과 보험사는 비급여 주사에 대한 보장 기준을 강화하고 있어, 과거에는 보장되던 주사가 현재는 보장되지 않는 경우가 늘어나고 있다. 따라서 비급여 주사를 맞기 전에 보험 적용 가능 여부를 확인하고, 치료 목적임을 증명할 수 있는 진단서나 소견서를 받아두는 것이 중요하다.

또한 본인이 가입한 실손보험의 약관을 정확히 이해하고, 필요한 경우 보험사나 전문가에게 문의하여 보장 범위와 조건을 확인하는 것이 좋다. 비급여 주사는 의료기관마다 가격 차이가 크고, 효과에 대한 의학적 근거도 다양할 수 있으므로, 주사 치료를 받기 전에 충분한 정보를 수집하고 신중하게 결정하는 것이 바람직하다.

4부. 보험청구의 숨겨진 혜택 찾기 : 우리가 놓치고 있는 것들

5

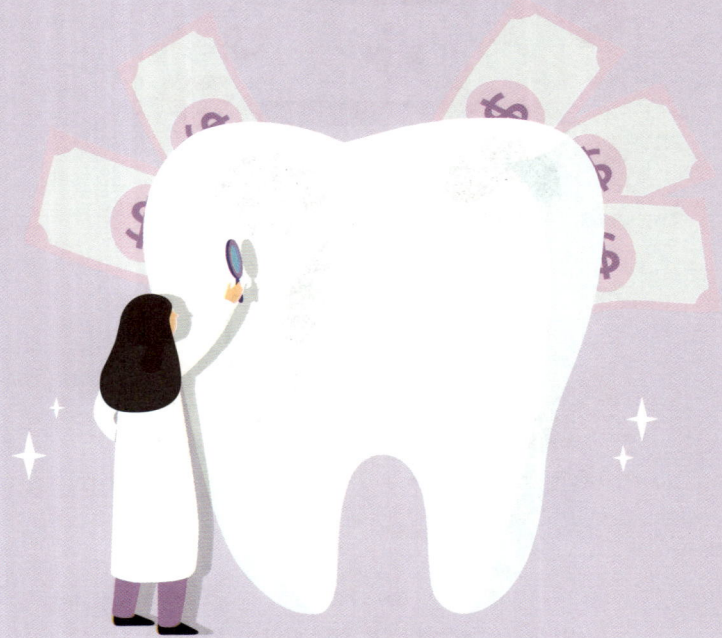

모·자·불

: 돈을 모으고 지키고 불리는 기술

보험으로 돈을 모으는 방법

보험료 원가로 가입하는 방법

 보험으로 돈을 모으려면 가장 중요한 것은 보험료를 원가로 가입하는 것이다. 많은 사람들이 보험료를 납부할 때 그 돈이 모두 저축되거나 보장에 쓰인다고 생각하지만, 실상은 그렇지 않다. 보험료는 크게 보장보험료와 적립보험료로 나뉘는데, 여기서 적립보험료가 얼마나 포함되어 있는지 확인하는 것이 매우 중요하다.

 적립보험료는 만기 시 환급금으로 돌려받을 수 있는 부분이지만, 납입한 보험료의 85~95%만이 실제로 적립되고 나머지는 비용과 수수료로 사용된다. 이런 사실을 모르고 보험에 가입하면 실제로 적립되는 금액이 예상보다 적을 수 있어 장기적인 자산 형성에 효율적이지 못할 수 있다.

[보험료 적립 구조]

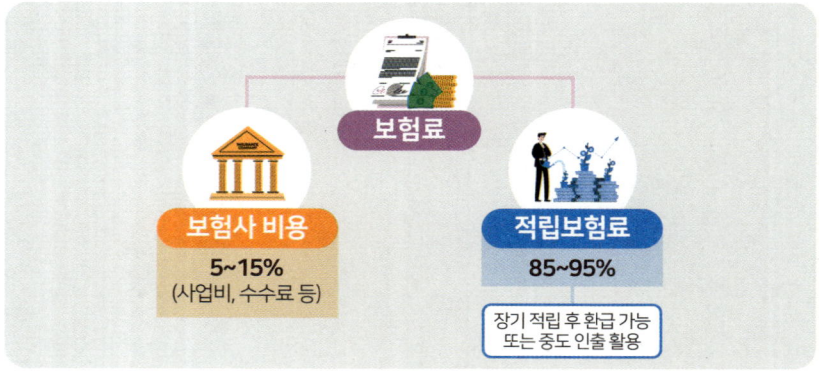

보험은 일종의 강제 저축 수단으로 활용할 수 있다. 특히 종신보험과 같은 상품은 장기적으로 저축을 강제화하여 종잣돈을 마련하는 데 유용하다. 하지만 이 과정에서도 비용을 최소화하는 전략이 필요하다.

예를 들어, 보험료 추가 납입 기능을 활용하면 기본 보험료에 추가로 납입할 경우 계약 체결 비용을 절감할 수 있다. 이는 더 많은 금액이 적립되도록 하는 효과적인 방법이다.

보험료의 구성을 정확히 이해하는 것도 중요하다. 보험료는 순보험료(위험보험료와 적립보험료)와 부가보험료로 구성된다. 위험보험료는 가입 연령에 따라 달라지며, 적립보험료는 금리의 영향을 받는다. 따라서 가입 시기와 조건에 따라 실제 적립되는 금액이 달라질 수 있으므로 이를 고려한 선택이 필요하다.

[보험료 구성 요소]

과도한 적립보험료는 장기적으로 부담이 될 수 있으므로, 보장보험료 위주로 계약을 체결하는 것이 합리적일 수 있다. 만약 이미 적립보험료가 높은 보험에 가입했다면, 중도 인출이나 계약 변경을 통해 이를 조정할 수 있다. 특히 만기 시점이 너무 멀 경우, 물가상승으로 인해 환급금의 가치가 떨어질 수 있으므로 이 점도 고려해야 한다.

 효율적인 보험 활용을 위해서는 전문가의 도움을 받아 자신의 상황에 맞는 보험 설계를 하는 것이 좋다. 또한 정기적으로 보험 내용을 점검하고 필요에 따라 조정하는 것도 중요하다.

 보험을 통한 자산 형성은 단기간에 큰 수익을 기대하기보다는 장기적인 관점에서 접근해야 한다. 보험의 주 목적은 위험 보장이므로, 저축이나 투자 목적이라면 다른 금융 상품과 비교하여 종합적으로 판단하는 것이 현명하다. 결국 보험으로 돈을 모으는 방법의 핵심은 보험료 구성을 정확히 이해하고, 불필요한 비용을 최소화하며, 자신의 재정 목표에 맞게 보험을 활용하는 것이다.

보험을 직업으로 가져보는 것 : N잡 시도

 요즘은 N잡시대라 할 만큼 여러 가지 일을 동시에 하는 사람들이 많아졌다. 단순히 하나의 직업에만 의존하기보다는 다양한 수입원을 만들어 안정적인 경제적 기반을 다지는 것이 중요해진 시대다. 돈을 여러 방향으로 벌 수 있는 파이프라인을 구축하는 것이 필수가 되었다.

나는 치과에서 실장으로 일을 시작했다. 치과 실장의 급여는 보통 350만 원에서 500만 원 사이로, 나쁘지 않은 수준이었다. 하지만 결혼 후 아이를 한 명 낳고 생활하면서 현실적인 고민이 생겼다. 남편이 대기업 연구원으로 일하고 있음에도 불구하고, 수도권에 집 한 채 마련하고, 가족이 하고 싶은 것들을 자유롭게 하며 살기 위해서는 더 많은 수입이 필요하다는 것을 절실히 느꼈다.

그래서 일상 속에서 부수입을 만들기 위한 다양한 시도를 했다. 남편과 데이트할 때도 틈틈이 쿠팡이츠 배달을 해보고, 블로그를 운영하며 체험단 활동도 했다. 가계부를 꼼꼼히 작성하면서 불필요한 지출을 줄이는 노력도 병행했다. 하지만 이런 활동들만으로는 큰 변화를 만들기 어려웠다.

치과에서 일하는 동안에도 '내 것'을 만들어보고 싶다는 생각이 끊임없이 들었다. 그래서 퇴근 후나 주말을 활용해 부케 말리기, 플로리스트 수업, 공인중개사 시험공부 등 다양한 분야에 도전해 보았다. 제대로 된 수익 파이프라인을 찾고 싶었지만, 대부분의 일들이 시작하기 위해 많은 시간과 비용을 투자해야 하는 것들이었다.

그러던 중 내가 가장 잘하는 것, 즉 치과에서 쌓아온 상담 실력을 활용할 수 있는 분야를 발견했다. 바로 보험 심사평가사였다. 이 직업은 보험을 제대로 비교·분석·심사하여 고객에게 적합한 보험을 제안하고 설계해 주는 일이었다. 치과에서 환자들과 소통하고 상담하던 경험이 이 일에 완벽하게 적용되었고, 내 적성에도 잘 맞았다.

이 일을 시작하면서 놀라운 변화가 일어났다. 치과 업무와 보험 설계 일이 시너지를 내면서 전문성이 더욱 빛을 발했다. 이를 바탕으로 책을 출간하게 되었고, 치과 컨설팅 분야로까지 영역을 확장하여 강의와 청구 업무 등을 전문적으로 수행할 수 있게 되었다. 내 커리어는 단순히 치과 실장에서 치과 경영 전문가이자 보험 설계 전문가로 발전했다.

이렇게 다양한 수입원이 생기면서 재정적 상황이 크게 개선되었다. 여전히 절약하는 습관은 유지했지만, 가족이 하고 싶은 것들을 돈 걱정 없이 할 수 있게 되었다. 취미 생활을 즐기거나 여행을 가는 것, 아이의 교육에 투자하는 것 등 삶의 질을 높이는 데 더 많은 여유가 생겼다.

사람마다 생각은 다를 수 있지만, 내 경험에 비추어볼 때 경제적 활동은 젊은 시절, 특히 한 살이라도 젊을 때 전투적으로 해야 한다고 생각한다. 청년기에 열심히 일하고 다양한 수입원을 만들어놓으면 미래의 노후를 훨씬 더 안정적으로 준비할 수 있다. 나의 노후는 남편과 자식들, 그리고 부모님까지 함께 평화롭게 지내며 하고 싶은 것들을 마음껏 누리는 모습이다. 이것이 내가 꿈꾸는 미래다.

N잡을 통해 경제적 자유를 얻기 위해서는 자신만의 강점을 찾는 것이 중요하다. 나의 경우 치과에서의 경험과 상담 능력이 보험 설계와 컨설팅으로 이어졌다. 이처럼 본업에서 쌓은 전문성을 활용하여 새로운 수입원을 만들면 시너지 효과를 낼 수 있다.

 보험과 전혀 관련이 없는 직업이었어도 성실성과 책임감을 가지면 누구나 일을 해볼 수 있다. 열정을 가지고 일 해볼 수 있다면 이 일에 도전해보면 좋을 것 같다. 도움이 필요하면 언제든 저자가 도와주겠다. 보험일이 아니더라도 도전을 두려워하지 않는 자세가 필요하다. 부케 말리기나 플로리스트와 같이 전혀 다른 분야에 도전하는 것도 새로운 가능성을 발견하는 기회가 될 수 있다. 비록 모든 시도가 성공으로 이어지지는 않았지만, 다양한 경험을 통해 내가 진정으로 원하는 것과 잘할 수 있는 것을 발견할 수 있었다. 그리고 그 배움들이 모여, 필요한 곳에 적재적소에 쓰이는 일이 생긴다. 모든 배움은 헛되지 않다.

 돈을 더 벌고 경제적 자유를 얻고 싶은 사람들에게 조언하자면, 자신의 강점을 파악하고 이를 바탕으로 한 파이프라인을 구축하라는 것이다. 그리고 그 과정에서 도움이 필요하다면 언제든지 연락해달라. 함께 돈을 많이 벌어 부자가 되는 길을 걸어갈 수 있다. 돈이 모든 것을 해결해주지는 않지만, 선택의 자유를 넓혀주는 것은 분명하다. 우리 모두 더 나은 미래를 위해 지금부터 다양한 수입원을 만들어보자.

보험으로 돈을 지키는 방법

열심히 번 돈, 아팠을 때 사라지지 않도록

열심히 번 돈을 질병이나 사고라는 예상치 못한 변수에 의해 잃어버리는 일이 발생하지 않도록 보험으로 적절히 대비하는 것이 중요하다. 건강할 때는 이러한 위험이 먼 이야기처럼 느껴지지만, 한번 아프게 되면 모든 상황이 급변할 수 있다. 이에 보험료는 적게 들이면서도 필요한 보장은 충분히 받을 수 있도록 효율적으로 설계하는 전략이 필요하다.

[보험료 최소화 + 보장 최적화 전략]

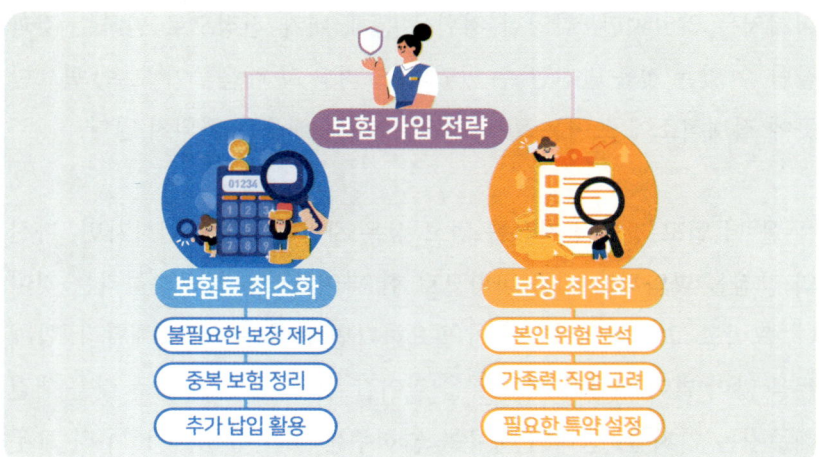

우리가 일상에서 마주하는 가장 큰 재정적 위험 중 하나는 바로 질병과 사고다. 특히 중대 질병이나 심각한 부상은 고액의 치료비뿐만 아니라 일을 할 수 없는 기간이 발생하면서 소득 단절로 이어진다. 이런 상황이 장기화되면 지금까지 열심히 모아온 자산이 치료비와 생활비로 빠르게 소진될 수 있다.

 보험은 이러한 재정적 위험을 분산시키는 효과적인 도구다. 비교적 적은 금액의 보험료를 정기적으로 납부함으로써 큰 위험에 대비할 수 있다. 하지만 무조건 많은 보험에 가입하는 것이 최선은 아니다. 필요한 보장은 충분히 받으면서도 보험료 부담은 최소화하는 전략이 필요하다.

 보험으로 돈을 효과적으로 지키기 위해서는 우선 자신에게 가장 필요한 보장이 무엇인지 파악해야 한다. 가족력, 직업, 생활 습관 등을 고려하여 발생 가능성이 높은 위험에 대해 우선적으로 보장을 설계해야 한다. 예를 들어, 가족 중 암 발병 이력이 많다면 암보험에 더 중점을 두는 것이 합리적이다.

[필수 보험 vs 선택 보험 구분 예시]

구분	보험 유형	설명
필수 보험	실손의료보험	실제 발생한 의료비를 보장하여 치료비 부담을 줄이는 보험
	소득 보장 보험	사고·질병으로 인해 일을 하지 못할 경우 일정 기간 소득을 보장
	중대 질병 진단비 보험	암, 뇌졸중, 심근경색 등 중대 질병 진단 시 일시금 지급
선택 보험	정기보험/ 종신보험	사망 시 가족에게 보장금 지급 (가족 부양 여부에 따라 선택)

실손의료보험은 가장 기본적인 보장으로 고려될 수 있다. 국민건강보험으로 보장받지 못하는 의료비를 보완해 주는 역할을 하기 때문에, 질병이나 사고로 인한 의료비 부담을 크게 줄일 수 있다. 다만, 실손의료보험은 실제 발생한 의료비를 보장하는 것이므로, 소득 단절에 대한 대비책은 되지 못한다.

따라서 소득 보장 보험도 함께 고려해 볼 필요가 있다. 질병이나 사고로 인해 일을 할 수 없게 되었을 때, 일정 기간 동안 소득을 대체해 주는 역할을 한다. 특히 가족의 생계를 책임지는 경우라면 더욱 중요하게 고려해야 할 보장이다.

중대 질병에 대비한 진단비 보험도 유용하다. 암, 뇌졸중, 심근경색 등 중대 질병으로 진단받을 경우 일시금으로 보험금을 받을 수 있어, 초기 치료비나 생활비로 활용할 수 있다. 이러한 보험은 젊을 때 가입할수록 보험료가 저렴하므로, 가능한 일찍 가입하는 것이 유리하다.

하지만 보험에 가입할 때 주의해야 할 점도 있다. 과도한 보장은 불필요한 보험료 지출로 이어질 수 있으므로, 본인의 재정 상황과 필요에 맞게 적절한 보장을 설계해야 한다. 또한, 중복 보장이 발생하지 않도록 현재 가입된 보험들을 정기적으로 점검하고 필요에 따라 조정하는 것이 좋다.

결국 보험으로 돈을 지키는 핵심은 '필요한 보장은 충분히, 보험료는 적게'라는 원칙을 지키는 것이다. 열심히 모은 자산이 예상치 못한 질병이나 사고로 인해 한순간에 소진되지 않도록, 젊고 건강할 때부터 미리 대비하는 지혜가 필요하다. 이렇게 적절한 보장을 통해 돈을 지키는 방법을 알고 실천한다면, 미래의 불확실성에 대비하면서도 현재의 경제적 부담을 최소화할 수 있을 것이다.

보험으로 돈을 불리는 방법

건강과 재정을 관리하는 보험활용

돈을 불리는 방법의 기본은 저축과 투자다. 하지만 단순히 무작정 저축하고 투자하는 것보다는 체계적인 전략이 필요하다. 효과적인 자산 관리를 위해서는 단기, 중단기, 장기로 나누어 자금을 배분하고 운용하는 것이 중요하다. 특히 장기 저축을 지키기 위해서는 단기와 중단기 자금이 탄탄히 뒷받침되어야 한다. 이러한 관점에서 보험을 활용한 자산 증식 방법을 살펴보자.

[자산 관리 3단계]

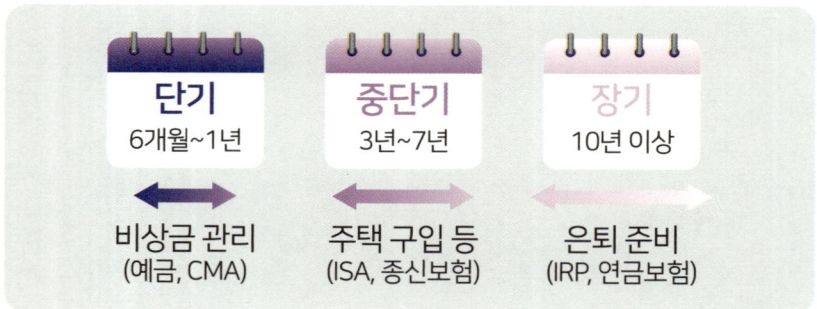

단기 자금 관리 (6개월~1년)

단기 자금은 갑작스러운 지출이나 비상 상황에 대비하기 위한 것으로, 일반적으로 월 생활비의 3~6개월 분량을 준비하는 것이 좋다. 이는 주로 1년 이내의 정기예금이나 비상금 통장 형태로 유지하는 것이 바람직하다. 단기 자금은 언제든지 현금화할 수 있어야 하므로 유동성이 높은 금융 상품을 선택해야 한다.

비상금 통장은 실업, 질병, 사고 등 예상치 못한 상황에서 생활을 유지할 수 있게 해주는 안전망의 역할을 한다. 수익률보다는 안전성과 접근성을 우선시하여 선택해야 하며, 일반 저축예금이나 단기 금융상품이 적합하다.

중단기 자금 관리 (3년~7년)

중단기 자금은 향후 3~7년 내에 필요할 수 있는 자금으로, 주택 구입, 자녀 교육비, 창업 자금 등이 여기에 해당한다. 이 기간의 자금 운용에는 ISA(개인종합자산관리계좌)와 종신보험을 활용하는 방법이 있다.

ISA는 다양한 금융상품에 투자할 수 있고, 일정 한도 내에서 세제 혜택도 받을 수 있어 중단기 자산 증식에 유리하다. 다양한 상품을 하나의 계좌에서 관리할 수 있어 편리하며, 투자 성향에 따라 포트폴리오를 구성할 수 있다는 장점이 있다.

종신보험 역시 중단기 자금 마련에 활용할 수 있다. 종신보험의 해지환급금을 활용하는 방식이다. 종신보험은 기본적으로 사망 보장을 위한 상품이지만, 납입한 보험료가 적립되어 해지환급금 형태로 돌려받을 수 있다. 특히 종신보험의 경우 질병이나 사고로 인해 일을 할 수 없게 되었을 때 납입면제 혜택을 받을 수 있어, 건강 위험까지 고려한 저축 방법이라 할 수 있다.

여기서 주의할 점은 변액보험의 경우 추천하지 않는다는 것이다. 변액보험은 보험료의 일부를 펀드에 투자하는 상품으로, 사업비가 상대적으로 높고 원금 보장이 되지 않으며 실제 수익률도 기대에 미치지 못하는 경우가 많다. 따라서 안정적인 자산 증식을 원한다면 일반 종신보험을 고려하는 것이 좋다.

장기 자금 관리 (10년 이상)

장기 자금은 은퇴 후 생활비나 노후 준비를 위한 것으로, 연금이 대표적이다. 젊은 세대라면 개인형 퇴직연금(IRP)을 적극 활용하는 것이 좋다. IRP는 세액공제 혜택이 있어 절세 효과가 크고, 55세까지 납입할 수 있어 장기간 자산을 키울 수 있다.

연금보험은 노후 생활비를 정기적으로 받을 수 있다는 장점이 있지만, 연금 개시 후에는 목돈으로 찾기 어렵다는 단점이 있다. 따라서 일시금이 필요할 수 있는 상황을 고려한다면, 연금보험보다는 종신보험을 활용하는 것이 더 유연한 선택일 수 있다.

특히 연령대가 높은 사람들에게는 연금보험보다 종신보험을 통한 저축이 더 적합할 수 있다. 종신보험은 납입 완료 후에는 해지환급금을 목돈으로 활용할 수 있으며, 장기간 유지할 경우 사업비를 제하고도 납입한 원금보다 더 많은 금액을 돌려받을 수 있다. 이는 복리 효과 때문으로, 시간이 지날수록 수익이 눈덩이처럼 불어나는 효과를 볼 수 있다.

보험을 통해 돈을 불리기 위해서는 몇 가지 원칙을 지켜야 한다. 첫째, 보장성 보험과 저축성 보험을 명확히 구분하여 가입해야 한다. 둘째, 불필요한 특약을 최소화하여 순수 보장에 집중하거나 순수 저축에 집중하는 것이 효율적이다. 셋째, 본인의 재정 상황과 목표에 맞게 보험료를 설정하고, 무리한 납입은 피해야 한다.

또한 보험 상품은 장기 계약이므로 중도 해지 시 원금 손실이 발생할 수 있다는 점을 염두에 두어야 한다. 따라서 가입 전 충분한 검토와 비교가 필요하며, 전문가의 조언을 구하는 것도 좋은 방법이다.

결론적으로, 보험은 단순한 보장 수단을 넘어 체계적인 자산 관리 도구로 활용할 수 있다. 단기, 중단기, 장기로 나누어 자금을 배분하고, 각 기간에 맞는 보험 상품을 선택하여 건강과 재정을 동시에 관리한다면, 보다 안정적이고 효과적인 자산 증식이 가능할 것이다.

개인연금저축과 IRP의 이해

 노후 준비를 위한 대표적인 세제혜택 상품으로는 개인연금저축과 IRP(개인형 퇴직연금)이 있다.

 이들 상품은 노후에 연금 형태로 자금을 수령할 수 있도록 설계되어 있으며, 납입 기간 동안 세액공제 혜택을 받을 수 있다는 공통점이 있다.

 하지만 운용 방식, 수익률, 위험도, 가입 주체 등 여러 측면에서 차이를 가진다.

개인연금저축의 세 가지 유형

[연금저축 3종 비교]

구분	운영기관	원금보장	수익률 기대	예금자 보호	비고
연금저축신탁	은행	O	낮음	O	2018년 이후 신규 중단
연금저축펀드	증권사	X	높음	X	적극적 투자자용
연금저축보험	보험사	△	중간~낮음	△	장기 납입 필요

☐ 연금저축신탁

 연금저축신탁은 은행에서 운영하는 상품이다. 장점은 무엇보다 원금이 보장되며, 예금자 보호가 적용된다는 점이다. 예금자 보호 제도에 따라 원금과 이자를 포함해 최대 5,000만 원까지 보호받을 수 있기 때문에 안정적인 자산 운용을 원하는 사람들에게 적합하다. 하지만 수익률이 매우 낮다는 단점이 있다. 특히 저금리 기조가 이어지는 요즘 같은 시대에는 실질적인 수익을 기대하기 어렵다. 이러한 이유로 2018년부터는 신규 가입이 중단되었으며, 기존 가입자만 유지가 가능하다.

☐ 연금저축펀드

연금저축펀드는 증권사에서 운영하며, 다양한 펀드에 투자할 수 있도록 설계된 상품이다. 장점은 높은 수익률을 기대할 수 있다는 점이다. 투자 대상에 따라 국내외 주식형, 채권형, 혼합형 등으로 포트폴리오를 구성할 수 있어 자산 운용의 다양성과 수익성 측면에서 유리하다. 하지만 원금이 보장되지 않으며, 예금자 보호도 적용되지 않는다는 점에서 투자자 스스로 리스크를 감수해야 한다.

☐ 연금저축보험

연금저축보험은 보험사에서 운영하는 상품이다. 가장 큰 장점은 원금이 보장되며 안정적인 수익률을 기대할 수 있다는 점이다. 특히 공시이율형 상품의 경우 일정 수준 이상의 수익률이 보장되기 때문에 보수적인 투자 성향을 가진 이들에게 적합하다. 다만 장기간 납입이 필요하고, 보험 사업비가 공제되기 때문에 수익률이 상대적으로 낮을 수 있다. 또 하나의 특징은 변액연금 상품의 경우 원금 보장이 되지 않으며, 사업비 차감 구조로 인해 대략 7년 정도는 원금 회복이 어렵다는 점이다. 따라서 장기적인 안목으로 가입을 고려해야 한다.

개인형 퇴직연금(IRP)의 이해

 개인형 퇴직연금(IRP)은 퇴직금 수령 시 자동으로 개설되는 계좌이면서, 직장인과 자영업자 모두 개인적으로 가입할 수 있는 노후 준비 계좌이다. 이 계좌는 연금저축과 마찬가지로 세액공제 혜택을 제공하며, 연간 최대 700만 원까지 단독으로 세액공제가 가능하다. 또한 연금저축계좌와 합산하여 최대 900만 원까지 세액공제 한도를 활용할 수 있다.

 IRP의 주요 장점으로는 연 소득 5,500만 원 이하 기준 16.5%의 높은 세액공제율이 적용된다는 점이다. 또한 예금, 펀드, ETF, 리츠 등 다양한 투자 상품으로 자산을 운용할 수 있어 투자 유연성이 높다. 목적 외 인출이 제한되어 강제 저축 효과가 있으며, 55세 이후 연금 수령 시 저율의 분리과세 혜택을 받을 수 있어 노후 자금 마련에 효과적이다.

[IRP의 장점]

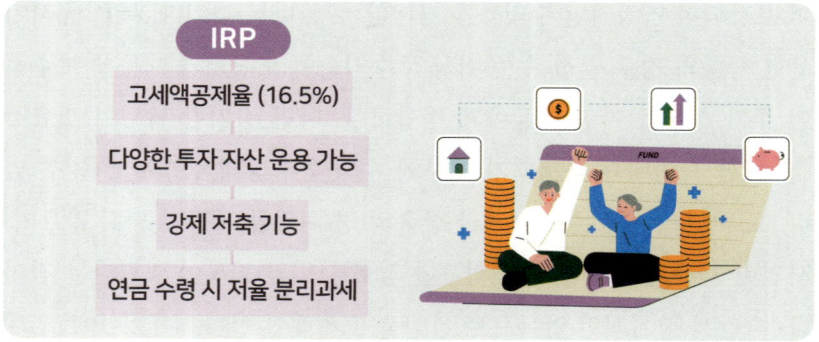

 반면 IRP의 단점으로는 100% 예금 편입이 불가능하다는 운용 제약이 있다. 안전자산은 최소 30%에서 최대 70%까지만 편입할 수 있는 규정이 존재한다. 또한 중도 해지 시 기존에 받았던 세제 혜택을 반납해야 하고 기타 소득세가 발생한다. 가입 기관에 따라 자산관리 수수료와 운용 수수료가 발생할 수 있어 이 점도 고려해야 한다.

IRP는 퇴직금 외에 추가로 노후 자산을 구축하고자 하는 직장인, 세액공제 한도를 최대한 활용하려는 자영업자나 프리랜서, 그리고 주식이나 ETF 등을 통해 능동적인 자산 운용 능력이 있는 투자자에게 특히 적합한 금융 상품이다.

나에게 맞는 연금 상품 선택하기

연금저축상품과 IRP(개인형 퇴직연금)는 개인의 성향과 목표에 따라 적합한 대상이 달라진다.

안정성을 우선시하는 사람들에게는 연금저축보험이나 연금저축신탁이 적합하다. 이러한 상품들은 주식 시장의 변동성에 덜 노출되어 있어 자산의 안정적인 관리가 가능하다. 특히 연금저축보험은 공시이율에 따라 이자가 결정되므로 예측 가능한 수익을 제공하여 심리적 안정감을 주는 장점이 있다. 노후 자금을 위해 원금 보존을 중요시하거나 시장 변동성에 민감한 투자자에게 이상적인 선택이다.

반면, 수익률을 중시하는 투자자들에게는 연금저축펀드나 IRP를 통한 ETF 및 펀드 투자가 더 적합하다. 이러한 방식은 시장 상황에 따라 포트폴리오 조정이 가능하고, 장기 투자를 통한 복리 효과를 기대할 수 있다. 특히 IRP는 다양한 투자 상품을 운용할 수 있어 적극적인 자산 관리가 가능하다. 투자 지식이 있거나 장기적인 자산 증식을 목표로 하는 투자자, 그리고 시장 변동성을 감내할 수 있는 위험 성향을 가진 사람들에게 적합하다.

[연금상품 유형별 적합 성향 비교]

투자 성향	추천 상품	특징
안정형	연금저축보험, 신탁	원금 보장, 낮은 수익률, 심리적 안정
수익형	연금저축펀드, IRP(ETF 등)	수익률 중시, 변동성 감수, 장기 투자

은행적금과 단기납종신 보험의 비교 분석

은행적금과 보험회사의 단기납종신보험은 각기 다른 특성과 목적을 가진 금융상품이다. 두 상품은 목적에 맞게 활용할 때 가장 큰 가치를 발휘하며, 반대로 필요성이나 목적 없이 가입하면 불리한 상품이 될 수 있다.

상품의 기본 개념과 목적

은행적금은 일정 기간 동안 정기적으로 돈을 예치하고 만기 시 원금과 이자를 함께 받는 금융상품이다. 주로 단기적인 목돈 마련이나 안정적인 자금 운용을 목적으로 한다. 결혼, 주택 구입, 자녀 교육비와 같은 구체적인 자금 계획이 있는 경우 적합한 선택이 될 수 있다.

[은행적금 vs 단기납종신보험]

항목	은행적금	단기납종신보험
목적	단기 목돈 마련	사망 보장 + 자산 형성
기간	보통 1~3년	납입은 5~10년, 보장은 평생
수익 구조	확정 이자 수령	비과세 환급금, 장기 유지 시 수익 증가
유동성	높음	낮음 (중도 해지 시 손실 발생 가능)
세제 혜택	거의 없음	비과세 혜택 + 상속세 공제 가능
안전성	예금자보호 (5천만 원 한도)	보험사 재정 건전성에 의존

단기납종신보험은 5~10년과 같은 제한된 기간 동안 보험료를 납부하고 평생 동안 사망 보장을 받는 보험상품이다. 종신보험의 주 목적은 사망 보장이다. 가족 부양 책임이 있는 사람이 갑작스러운 사망

으로 인한 가족의 경제적 어려움을 대비하고자 할 때 적합하다. 그러나 사망 보장 외에도 비과세 혜택과 납입 기간 종료 후 원금 이상의 환급률을 기대할 수 있다는 점은 특정 투자자에게 매우 큰 메리트가 될 수 있다.

금융상품은 그 자체로 좋고 나쁨이 결정되는 것이 아니라, 개인의 목적과 상황에 얼마나 부합하는지에 따라 가치가 달라진다. 단기납종신보험의 경우, 사망 보장이 필요하지 않은 상황에서 단순히 수익률만 보고 가입한다면 초기 해지 시 원금 손실이라는 큰 불이익을 감수해야 할 수 있다.

[단기납종신보험의 해지 리스크 vs 장기 유지 혜택]

구분	설명
해지 시 리스크	초기 해지 시 원금 손실이 발생할 수 있어 주의가 필요함
장기 유지 혜택	납입 완료 후 원금 초과 환급 가능, 10년 이상 유지 시 비과세 혜택 제공

반면, 가족에 대한 경제적 책임이 큰 가장이면서 장기 자산 형성과 세제 혜택을 동시에 고려하는 사람에게는 단기납종신보험이 매우 효율적인 선택이 될 수 있다. 특히 납입 기간이 끝난 후 원금 이상의 환급률을 받을 수 있고, 10년 이상 유지 시 보험 차익에 대한 비과세 혜택은 다른 금융상품이 제공하지 못하는 고유한 장점이다.

단기납종신보험은 사망 보장이라는 기본 목적 외에도 여러 장점을 갖고 있다. 납입 기간(예: 10년)이 끝난 후에도 평생 보장이 지속되며,

해지 시 원금 이상의 환급금을 받을 수 있다. 또한 10년 이상 유지 시 보험차익에 대한 비과세 혜택은 고액 자산가나 절세에 관심이 많은 투자자에게 상당한 메리트가 된다. 더불어 사망보험금의 상속세 공제 혜택은 효율적인 자산 이전 계획을 세우는 데 도움이 된다.

은행적금은 원금 보장과 확정된 수익률로 안정성을 추구하는 투자자에게 적합하다. 단기적인 목표가 있거나 1~3년 내에 자금이 필요한 경우, 또는 위험을 최소화하고자 하는 보수적인 투자자에게 좋은 선택이다. 높은 유동성과 예금자보호법에 의한 안전성은 위험을 감수하기 어려운 상황에서 큰 장점이 된다.

금융상품 선택은 개인의 생애주기, 재정 상태, 위험 감수 능력, 투자 목적 등을 종합적으로 고려해야 한다. 젊은 가장이 장기적인 자산 형성과 가족 보호를 동시에 고려한다면 단기납종신보험이 적합할 수 있다. 반면, 단기적인 자금 계획이 있거나 유동성이 중요한 경우에는 은행적금이 더 나은 선택일 수 있다.

[내 상황에 맞는 금융상품 선택 가이드]

구분	은행적금이 적합한 경우	단기납종신보험이 적합한 경우
자금 필요 시기	1~3년 내 단기 자금 필요	장기 자산 형성 계획
유동성 고려	유동성이 중요함	중장기 유지 가능함
투자 성향	보수적 / 원금 손실 회피	위험 감수 가능 / 수익률 & 세제혜택 중시
가족 보호 목적	없음 또는 낮음	있음 (가족 부양 책임이 있음)
세금 절감 관심	거의 없음	있음 (비과세 + 상속세 공제 가능)

결론적으로, 금융상품은 개인의 목적과 필요에 맞게 선택했을 때 그 가치가 극대화된다. 단기납종신보험의 경우, 사망 보장이라는 주 목적 외에도 비과세 혜택과 장기 유지 시 원금 이상의 환급률이라는 장점은 특정 투자자에게 매우 중요한 가치가 될 수 있다. 반면, 이러한 특성이 필요하지 않은 상황에서는 불리한 선택이 될 수 있으므로, 자신의 상황과 목적을 명확히 인지한 후 금융상품을 선택하는 것이 중요하다.

[금융상품 선택 전 자가 체크리스트]

- ☑ 내 자금 목적은 단기인가, 장기인가?
- ☑ 가족에 대한 경제적 보호가 필요한가?
- ☑ 원금 손실 가능성에 대한 내 수용도는?
- ☑ 세제 혜택을 중요하게 생각하는가?
- ☑ 유동성이 높은 상품이 필요한 상황인가?

6

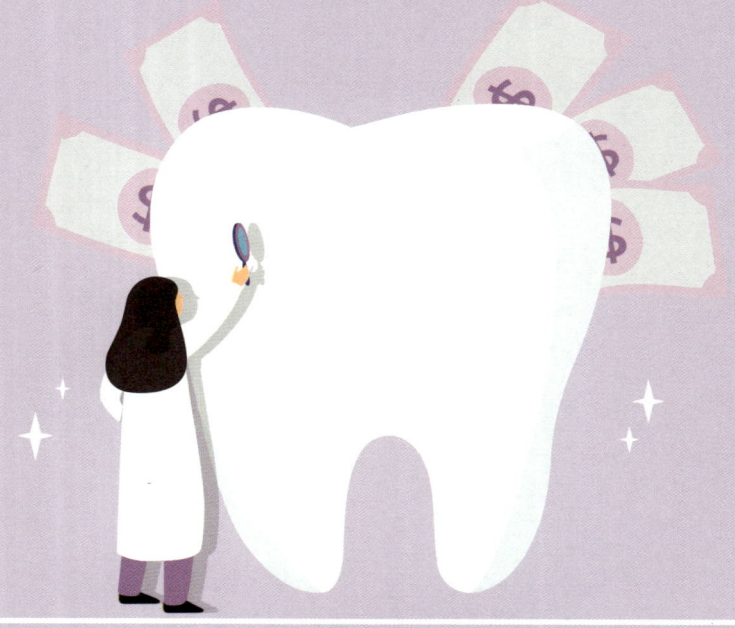

보험금 청구하기

: 보험의 꽃은 보상이다

보험금 청구, 어떻게 시작할까?

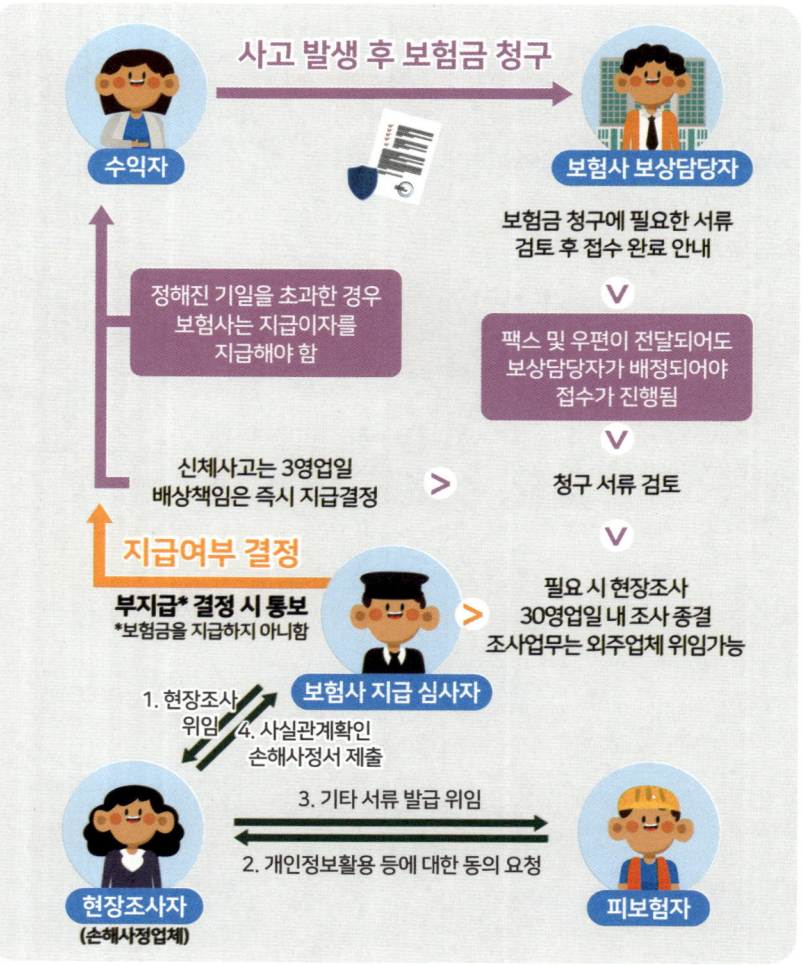

보험금 청구 절차는 보험금 지급과 직접적으로 연결되어 있어, 보험금 청구자가 반드시 숙지해야 할 내용이다.

일반적으로 보험금 청구가 접수되면 보험사는 곧바로 전문 보상 담당자를 배정한다. 다만, 최근 들어 보험금 청구 건수가 증가하면서 보상 담당자 배정이 지연되는 사례도 발생하고 있다. 이로 인해 보험금 청구를 완료했음에도 보상 담당자 미배정 상태로 접수가 지연될 수 있으니, 이 부분은 반드시 참고해야 한다.

보험금 청구가 접수되면 보험사는 해당 보험금 담당자를 지정하고, 보상 담당자는 접수 사실과 이후 절차에 대해 문자나 알림톡으로 안내하게 된다. 이후 보상 담당자는 제출된 서류 전체를 검토하며, 청구 내용이 약관에 부합하는지 확인하고, 필요 시 추가 서류를 요청하게 된다.

서류 검토가 완료되면 보험금 심사 단계로 전환된다. 이때 보상 담당자는 보험금 지급 심사 담당자로 역할이 변경된다. 해당 단계에서는 약관에 명시된 보장 내용, 청구 사유의 타당성, 보상 범위 등을 종합적으로 검토해 보험금 지급 여부를 판단하게 된다. 지급이 승인되면 보험사는 가입자가 지정한 계좌로 보험금을 송금한다.

보험금 지급 기한은 보험 종류에 따라 상이하다. 질병·상해보험 및 생명보험은 최종 서류 접수일로부터 3영업일 이내에 지급되며, 배상책임보험, 화재보험, 자동차보험은 지급 결정일로부터 7일 이내 지급이 원칙이다. 단, 생명보험의 경우 지급 사유에 대한 추가 조사나 확인이 필요한 경우, 최대 10영업일까지 소요될 수 있다.

지급이 지연될 경우 보험사는 그 사유와 예정일을 안내해야 하며, 약관에 따라 지연이자도 지급해야 한다. 또한 지급이 지연될 것으로 판단되면 추정 보험금의 50% 이내에서 가지급보험금을 먼저 지급할 수 있다. 이는 긴급한 자금 수요를 고려한 제도로, 최종 보험금 산정 시 정산된다.

이처럼 체계적인 절차에 대한 이해는 보험금 청구 시 불이익을 줄이는 데 도움이 된다.

청구 서류 준비 및 제출 요령

[보험금 청구 시 필요 서류]

통원 시 실비 청구 서류

필수서류
- 통원
  - ✓ 납입영수증
  - ✓ 세부내역서
- 약제
  - ✓ 약국 약제비 영수증

요청서류
※ 필요 시 요청될 수 있음
- ✓ 진료확인서
- ✓ 신분증

입원·수술 시 실비 청구 서류

필수서류

✓ 입원·수술 확인서(or 진단서)
✓ 납입영수증 + 세부내역서

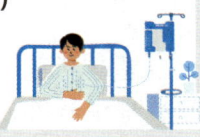

보험금 청구를 위해서는 정확한 서류 준비가 필수이다. 청구 유형에 따라 요구되는 서류는 달라지며, 통원, 입원, 수술 등 치료 형태에 따라 구분하여 각 상황에 맞는 서류를 준비해야 원활한 청구가 가능하다.

통원 치료의 경우 비교적 간단한 서류가 요구된다. 우선 보험사에서 제공하는 양식에 따라 보험금 청구서를 작성해야 하며, 진료비 영수증과 진료비 세부내역서를 함께 제출해야 한다. 진료비 영수증은 병원이나 약국에서 발급받은 원본이어야 하고, 진료비 세부내역서에는 구체적인 치료 항목과 비용이 명시되어 있어야 한다. 또한 진단서나 통원확인서를 통해 실제 치료받은 병명과 통원 사실을 증명해야 한다. 청구인의 신원을 확인하기 위한 신분증 사본과 보험금을 수령할 통장 사본도 필수 서류이다.

입원 치료의 경우에는 보다 구체적이고 상세한 서류가 필요하다. 기본적인 보험금 청구서 외에 입원확인서를 통해 정확한 입원 기간과 치료 내역을 입증해야 한다. 진단서나 입퇴원 요약서에는 질병명, 입원 사유, 치료 내용 등이 명확히 기재되어야 하며, 입원 중 발생한 모든 의료비는 진료비 영수증과 세부내역서를 통해 확인되어야 한다. 만약 입원 중 수술을 받은 경우에는 수술 기록지도 반드시 함께 제출해야 한다.

 수술의 경우에는 가장 구체적인 의료 기록이 요구된다. 수술확인서에는 정확한 수술명, 수술일자, 수술 내용이 포함되어야 하며, 수술기록지를 통해 수술 과정과 세부 사항을 명확히 입증해야 한다. 진단서에는 수술이 필요했던 의학적 사유와 병명이 상세히 기재되어야 하며, 수술과 관련된 모든 비용 역시 진료비 영수증과 세부내역서를 통해 구체적으로 제시되어야 한다.

 이러한 서류들은 보험사마다 요구 양식이 상이할 수 있으므로, 청구 전 반드시 해당 보험사의 구체적인 안내를 확인하는 것이 중요하다. 대부분의 서류는 원본 제출이 원칙이나, 일부 서류는 사본 제출도 가능할 수 있다. 또한 보험금 지급 심사 과정에서 진료기록 사본, 영상자료, 의사소견서 등 추가적인 서류 제출 요청이 있을 수 있으며, 이러한 요청이 있을 경우 신속하게 대응해야 보험금 지급 지연을 방지할 수 있다.

주요 보험금 청구

보험 가입의 주된 목적은 보험금을 제대로 수령하는 데 있다고 할 수 있다. 따라서 보험금 청구는 매우 중요한 과정이다. 다양한 보험 상품마다 청구 방법과 절차가 다르므로 각 보험의 특성을 정확히 이해하는 것이 무엇보다 중요하다. 본 장에서는 보험상품별 혼자서 보험금 청구하는 방법을 상세히 정리하였다.

일반적인 질병보험 및 상해보험 청구 시에는 입원 여부, 통원 여부, 수술 여부에 따라 필요한 추가 서류가 달라진다. 기본적으로 진료비 영수증, 치료 확인서 등 의료 관련 서류 전반이 필요하다. 특히 질병과 관련된 보험금의 경우, 발병 시점과 치료 과정을 명확히 입증할 수 있는 자료가 핵심이다. 보험사마다 요구하는 서류 목록이 약간씩 다를 수 있으므로, 해당 보험사 홈페이지에 안내된 청구 가이드를 꼼꼼히 확인하는 것이 좋다.

운전자보험의 경우 교통사고 발생 시 즉각적인 대응이 중요하다. 사고 당시 상황을 기록한 경찰서 발급 서류, 병원 진단서, 차량 수리 견적서 등을 신속하게 준비해야 한다. 여기에 목격자 진술서나 블랙박스 영상 등 추가 증거 자료를 확보해 두는 것도 보험금 청구에 유리하게 작용할 수 있다.

간병보험과 후유장해보험금 청구는 보다 복잡한 절차가 요구된다. 의료기관에서 발급한 장해 진단서, 치료 경과 기록, 장기간 치료 내역 등의 증빙이 필요하며, 장해 등급에 따라 지급 보험금이 달라지므로 정확한 의학적 판단과 객관적인 자료 확보가 중요하다. 또한 장해 판정 시 보험사의 검증 절차를 거치게 되므로 인내심을 가지고 대응하는 자세가 필요하다.

이제 보험상품별 필요한 보험금 청구 서류를 보다 자세히 알아보도록 하겠다.

질병보험·상해보험금 청구

보험금 청구는 질병이나 사고로 인해 발생한 의료비 부담을 줄이고, 경제적 안정을 도모하는 중요한 절차다. 처음 접하는 사람에게는 다소 복잡하게 느껴질 수 있으나, 필요한 서류와 절차를 제대로 알면 생각보다 수월하게 진행할 수 있다. 간단한 실손보험 청구는 병원 영수증과 진료 세부내역서만으로도 가능하다. 일반 외래 진료나 약 처방 같은

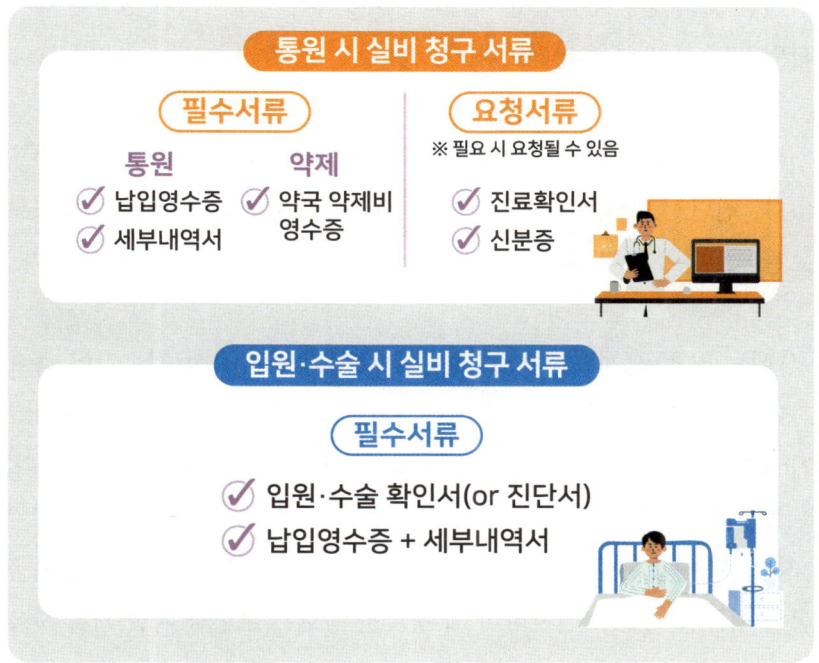

간단한 청구는 서류도 간단하며, 모바일 앱으로도 쉽게 제출할 수 있다.

청구에 필요한 핵심 서류는 진단서, 진료기록지, 치료 영수증 등이 있다. 이 서류들은 날짜별로 정리해두고, 디지털 사본으로 보관하면 분실이나 훼손에 대비할 수 있다. 보험 약관도 꼭 확인해야 하며, 보장 범위나 면책 조건은 상품마다 다르기 때문에 미리 파악해두는 것이 좋다. 애매한 부분은 보험사 고객센터에 문의해 명확히 해야 한다.

청구는 대부분 모바일 앱이나 홈페이지를 통해 간편하게 가능하다.

하지만 고액 청구나 복잡한 사례의 경우, 직접 방문하거나 상담을 통해 확인받는 것이 더 효과적이다.

금액이 큰 경우에는 보험사에 원본 서류를 직접 제출해야 할 수도 있다. 진단서, 영수증 등은 원본 제출이 원칙이며, 복사본은 별도로 보관해두어야 한다. 분실 시 재발급이 어렵고 시간이 지체될 수 있다.

상해보험 청구 시에는 사고 경위를 구체적으로 작성하는 것이 중요하다. 사고 당시 상황, 목격자 진술, 경찰 확인서 등은 신뢰도 높은 자료가 된다. 특히 교통사고나 산업재해의 경우, 공식 문서 확보가 필수다.

청구 시 허위 정보나 과장은 절대 금물이다. 보험사는 전문 인력을 통해 서류를 꼼꼼히 심사하며, 부정확한 정보는 보험금 지급 거절 사유가 될 수 있다.

청구 이후에는 모바일 앱이나 온라인을 통해 처리 현황을 주기적으로 확인하고, 지연이나 추가 요청이 있을 경우 신속히 대응하는 것이 좋다.

운전자보험 보험금 청구

 운전자보험 보험금 청구에서 가장 핵심적인 사항은 정확한 서류 준비이다. 보험금 청구 절차는 공통적으로 필요한 기본 서류 외에도 사고 유형에 따라 추가 서류가 요구되므로 체계적인 준비가 필요하다.

[운전자 보험 청구서류]

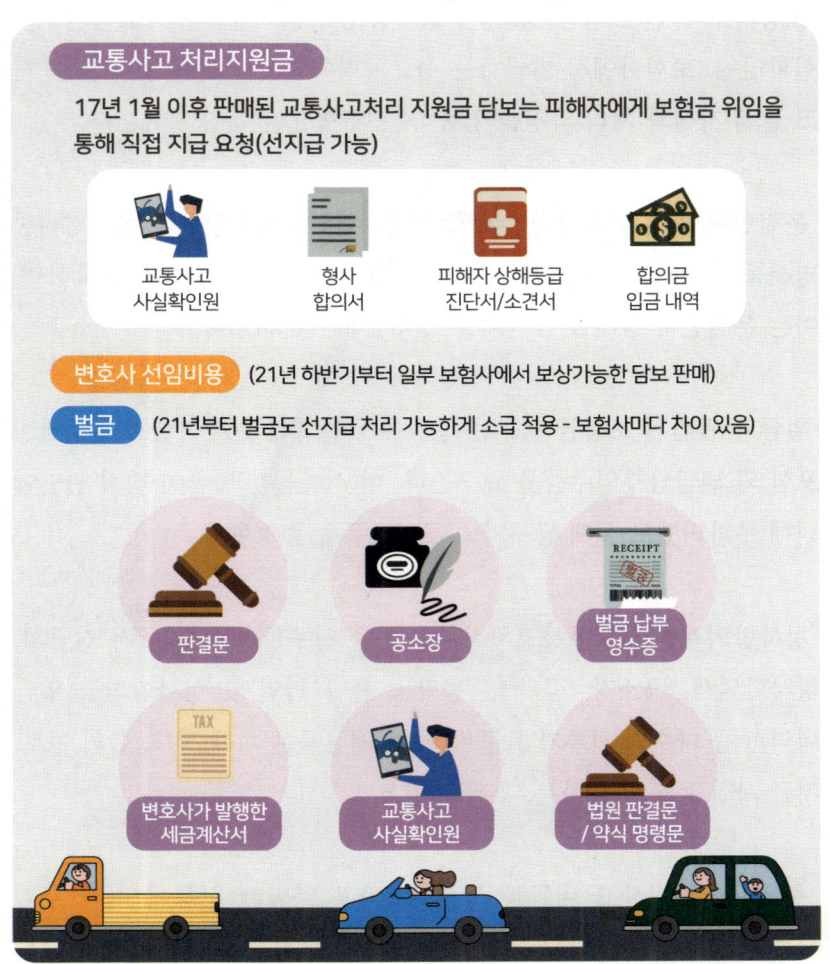

공통적으로 제출해야 할 기본 서류는 보험금청구서, 개인정보처리동의서, 청구인의 신분증 사본, 보험금 수령 계좌의 통장 사본 등이다. 이들 서류는 청구인의 신원 확인과 보험금 지급 동의에 필수적인 자료이다.

교통사고 관련 보험금 청구 시에는 경찰서에서 발급하는 교통사고사실확인원, 보험사에서 발급하는 사고처리확인서가 필요하다. 이는 사고 발생 사실과 처리 과정을 입증하는 데 필요한 핵심 자료이다.

운전면허 관련 위로금을 청구할 경우, 면허정지확인원과 운전경력증명서를 제출해야 한다. 면허취소의 경우에도 동일한 서류가 필요하며, 이는 운전면허 상태를 공식적으로 증명하는 문서이다.

벌금과 관련된 보험금 청구는 법원에서 발급한 약식명령서(범죄사실 포함)와 벌금납부영수증을 요구한다. 이 서류들은 벌금이 법적 판단에 의해 부과되었고 실제 납부가 이루어졌음을 증명한다.

형사합의지원금(교통사고처리지원금)을 청구할 때는 피해자 진단서, 형사합의서, 공소장, 공탁서, 공탁금 출급 확인서, 형사합의금 입금내역서 등 다수의 서류가 요구된다. 이 서류들은 피해 정도, 합의 여부, 지급 사실 등을 입증하는 데 필요하다.

주의할 점은 사고 내용과 특성, 그리고 가입한 상품에 따라 추가 서류가 요구될 수 있다는 점이다. 사전에 보험사에 문의하여 필요한 서류 목록을 확인하는 것이 바람직하다. 대리인이 청구할 경우 위임장과 인감증명서 원본도 함께 제출해야 한다.

보험금 청구는 사고 발생일로부터 3년 이내에 진행해야 한다. 이 기간이 경과하면 보험금 지급 청구권이 소멸할 수 있으므로 기한 내 청구하는 것이 중요하다.

운전자보험 보험금 청구는 필요한 서류를 빠짐없이 갖추고, 사고 내용에 적합한 서류를 정확히 준비하여 제출하는 것이 지연이나 거절을 막는 데 효과적이다.

간병보험 보험금 청구

간병보험은 고령화 사회에서 중요성이 점차 높아지는 보험 상품이다. 이용하는 서비스의 형태에 따라 다양한 특약으로 구성되어 있으며, 대표적인 예로는 간병인사용일당 특약, 재가급여·시설급여지원특약, 치매보험 등이 있다. 각 상품은 보장 범위와 보험금 지급 방식이 상이하기 때문에 청구 시에는 자신이 가입한 상품의 특성을 명확히 파악하는 것이 필요하다.

간병인사용일당 특약은 피보험자가 간병인을 이용할 경우 일정 기간 동안 일당 형태로 보험금을 지급하는 구조이다. 금융감독원이 지급 기준을 명확히 규정함에 따라 청구 시 필요한 서류도 구체화되었다. 일반적으로는 보험금청구서, 개인정보처리동의서, 피보험자의 신분증 사본, 간병서비스 영수증 등 이용 증빙자료가 요구되며, 경우에 따라 진단서나 입원확인서도 함께 제출해야 한다.

[간병인 사용 특약 정의]

간병인을 사용 후 보험사 요청 시 간병비를 보상해주는 특약

[간병인 사용 후 보험금 청구서류]

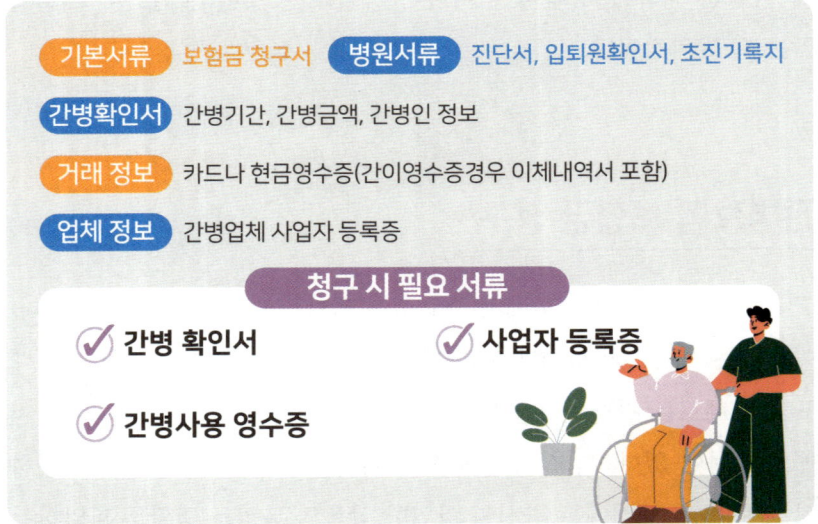

재가급여·시설급여지원특약은 장기요양급여를 이용하는 경우 지원금을 지급하는 특약으로, 장기요양인정서, 장기요양급여제공기록지, 장기요양급여명세서 등의 서류를 준비해야 한다. 이들 서류는 국민건강보험공단에서 발급 가능하다.

[시설/재가급여만 청구 가능]

✓ 노인장기요양보험 시설/재가급여 이용에 따라 정해진 보험금 청구 가능합니다.
: 특별 현금급여 등 시설/재가급여 이외 비용은 보상하지 않습니다.

[시설/재가급여 지원 보험금 청구서류]

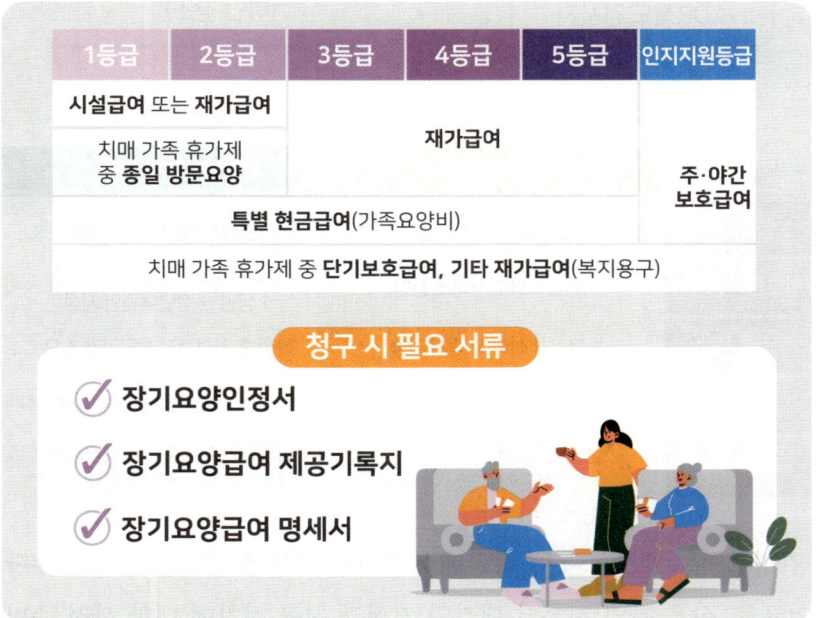

치매보험은 피보험자가 치매 진단을 받을 경우 보험금을 지급하는 상품이다. 치매는 인지능력 저하로 인해 스스로 청구하기 어려운 경우가 많기 때문에 대리청구인 지정 여부에 따라 절차가 달라진다. 대리청구인이 지정되어 있다면 간단한 서류로 청구가 가능하나, 지정되지 않은 경우에는 성년후견인 지정 절차를 거쳐야 하며, 이에 따른 시간과 비용이 추가로 소요된다.

[치매보험 청구서류 준비 방법]

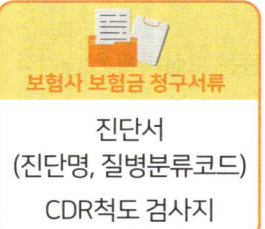

[대리청구인 지정 여부에 따른 보험금 청구 비교]

	대리청구인 지정	대리청구인 미지정
보험금 청구인	대리청구인이 청구 가능	성년후견인이 청구 가능
청구인 지정절차	지정대리청구 서비스 신청	법원에 성년후견인 개시 신청 → 심판 → 성년후견인 지정
소요 시간	보험회사 신청 시 즉시 가능	신청 후 지정까지 상당기간 소요
비용	없음	인지대, 송달료 등 비용 발생
제출서류	신청서, 대리청구인 신분증, 가족관계증명서 등	피후견인 기본증명서, 재산증명, 가족관계증명서, 가족 동의서 등

 간병보험은 예상치 못한 상황에서 경제적 부담을 줄이는 중요한 수단이므로, 상품 가입 시부터 대리인 지정과 청구 절차에 대한 사전 준비가 필요하다.

후유장해 보험금 청구

후유장해 보험금은 사고로 인해 영구적인 신체 장해가 남았을 때 지급된다. 하지만 많은 이들이 청구 시기와 절차를 몰라 보상을 놓치기도 한다. 핵심은 사고일이 아니라 '후유장해 판정일'을 기준으로 청구 가능 여부가 결정된다는 점이다.

사고 직후에는 회복 가능성이 있어 일반적으로 6개월 후부터 후유장해 평가가 가능하다. 판정일로부터 3년 이내에 청구해야 하며, 진단서를 받지 않았다면 시효 제한 없이 청구할 수 있다.

보험사는 판정일을 기준으로 사고와의 인과관계를 확인하고 추가 서류를 요구할 수 있다. 따라서 후유장해 가능성이 있다면 적절한 시기에 진단서를 발급받는 것이 중요하다.

[후유장해 보험금 청구 과정]

1. 보험사고 발생
2. 약 6개월 치료 후 주치의에게 후유장해 진단서 발급 문의
3. 후유장해 진단서 발급시 보험사에 후유장해 보험금 청구
4. 보험사 소속 손해사정사가 현장조사 등 실시
5. 보험사 서류 검토 후 보험금 지급

☑ 청구 과정에서 많은 분쟁이 발생

기본 제출 서류로는 보험금청구서, 개인정보처리동의서, 수익자 신분증 사본, 통장 사본, 후유장해진단서 또는 일반진단서가 있으며, 장해의 종류에 따라 운동범위 진단서 등이 추가될 수 있다.

보험 가입 시기에 따라 지급 기준과 필요한 서류가 달라질 수 있으므로, 약관을 확인하는 것이 중요하다. 또한 사고와 장해 사이의 인과관계를 증명하는 자료 역시 필요할 수 있다.

후유장해 보험금 청구는 복잡할 수 있으므로, 필요 시 보험 전문가나 변호사와의 상담이 도움이 될 수 있다.

배상책임보험 보험금 청구

　배상책임보험은 일상생활 또는 업무 중 타인에게 손해를 입혔을 때 피해를 보상해주는 보험이다. 사고 발생 시 올바른 절차에 따라 청구하는 것이 중요하다.

　공통 제출 서류는 보험금청구서, 개인정보동의서, 피보험자 신분증 사본, 주민등록등본 등이 있으며, 이는 사고 당사자 정보와 중복보험 확인을 위한 자료이다.

　사고경위서는 언제, 어디서, 누구에게, 무엇을, 어떻게, 왜 사고가 발생했는지를 명확히 작성해야 하며, 보험사가 책임과 보상 범위를 판단하는 데 중요한 자료가 된다.

[배상책임 보험서류]

피보험자
- √ 보험금 청구서 ———————————————— 보험회사
- √ 개인(신용)정보처리동의서 ———————————— 보험회사
- √ 사업자등록증 사본(사업자의 경우) ——————— 민원24/홈텍스
- √ 주민등록등본 ———————————————— 주민센터/민원24
- √ 사고경위서(언제, 어디서, 누구와, 무엇을, 어떻게 되었는지 작성) ———— 보험회사
- √ 사고현장 사진(4매 이상) ——————————————— 청구인

피해자
- √ 개인(신용)정보처리동의서(보험금 청구를 위한 필수 동의서) ———— 보험회사
- √ 신분증 사본 ————————————————————— 청구인

기타

- √ 가족관계 확인이 필요한 경우
- √ 가족관계확인서류(예:가족관계증명서, 혼인관계증명서 등) ---------- 주민센터
- 대리인 보험금 청구 시
- 위임장 원본(인감날인) ─────────────────── 보험회사
- 보험금 청구권자의 인감증명서 원본(또는 본인서명사실확인서) ------ 주민센터
- √ 피보험자 선 합의 시
- 합의금입금증(계좌이체이력) -------------------- 보험회사/은행

대인배상의 경우 피해자의 진단서, 진료비 세부 내역서, 입퇴원확인서 등이 필요하며, 대물배상의 경우 파손 전후 사진, 수리비 견적서와 영수증, 차량 등록증 등으로 피해를 입증해야 한다.

청구 절차는 사고 발생 즉시 보험사에 알리고, 서류를 준비한 후 제출하는 방식이다. 이후 보험사가 사고 조사를 진행하며, 보상 여부와 금액을 결정하게 된다.

보상이 결정되면 보험금은 청구인의 계좌로 지급되며, 결과에 이의가 있을 경우 재심사 요청 또는 금융감독원, 보험분쟁조정위원회에 민원 제기가 가능하다.

사고 발생 즉시 보험사에 알리는 것이 중요하며, 사고경위서 작성 시 허위 없이 사실대로 기재해야 한다. 피해자와의 합의는 보험사와 상의 없이 진행하지 않는 것이 바람직하다.

청구 후 꼭 알아야 할 것들

보험금을 청구한 이후에도 단순히 결과만을 기다리는 것으로는 충분하지 않다. 청구 절차 전체의 흐름을 파악하고 이에 적절히 대응하는 것이 가입자의 권리를 보호받는 데 필수적이다.

청구 이후 보험사는 서류를 면밀히 검토하며, 이 과정은 복잡성에 따라 며칠에서 몇 주까지 소요될 수 있다. 단순한 청구는 보통 1~2주, 복잡한 청구는 4~6주 이상 걸릴 수 있다.

심사 과정 중 발생 가능한 가장 큰 리스크는 지급 거절이다. 주요 사유는 약관 미충족, 불충분한 증빙자료, 고의성 의심 등이 있다. 거절 시에는 즉시 이의제기 절차를 밟아야 한다. 이를 위해 거절 사유를 정확히 이해하고, 추가 증빙자료를 준비해야 한다.

이의제기는 체계적인 방식으로 접근해야 하며, 거절 통지서 분석 → 증거자료 수집 → 공식 이의신청서 제출 순으로 진행하는 것이 바람직하다. 이때 의료기관의 추가 소견서나 객관적 자료가 유용하게 작용할 수 있다.

청구 과정에서는 정직성이 중요하다. 허위 정보가 발견되면 청구가 무효 처리될 수 있으며, 향후 보험 가입에도 제약이 발생할 수 있다.

또한 모든 통신 및 제출 서류는 철저히 정리 및 보관해야 한다. 시간 순으로 기록된 이메일, 문자, 전화 통화 내역 등은 분쟁 발생 시 강력한 방어 자료가 된다.

 보험사와의 소통은 적극적이고 명확하게 이루어져야 한다. 전화나 이메일을 통해 수시로 진행 상황을 확인하고, 요청 자료가 있을 경우 신속하게 응하는 태도가 중요하다. 이러한 자세는 보험금 지급까지의 과정을 보다 원활하게 만드는 요소가 된다.

심사 과정과 소요 시간

보험금 청구 후 심사 과정은 대부분의 보험사에서 유사한 흐름을 따른다. 일반적으로 청구서가 접수된 후부터 결과가 나오기까지 7~14일 정도 소요된다.

심사는 크게 세 단계로 구분된다.

첫 번째는 기본 요건 검토 단계로, 서류의 누락 여부, 기본 정보의 정확성, 청구 사유의 타당성 등을 검토한다. 이 단계에서 문제가 발견되면 추가 서류 요청이 이루어진다.

두 번째는 심층 조사 및 검증 단계이다. 의료기관 자료 확인, 질병 및 상해와 관련된 정당성 판단 등이 포함되며, 이 단계는 복잡성에 따라 최대 한 달까지 소요될 수 있다.

세 번째는 최종 심사 및 결정 단계이다. 보험사 내 심사위원회가 모든 자료를 종합 검토한 후 보험금 지급 여부를 최종 결정한다. 이때 제출 서류가 명확하고 사유가 타당하다면 빠른 지급 결정이 이루어질 수 있다.

청구인은 이 기간 동안 보험사의 연락을 주의 깊게 살피고, 추가 요청이 있을 경우 신속히 대응해야 한다. 또한 보험사에 문의 시 차분하고 명확한 태도로 응하는 것이 중요하다.

심사 기간은 보험사 및 상품별로 달라질 수 있으므로, 일반적으로 2~4주의 여유를 두는 것이 좋다. 급한 마음으로 무리하게 압박하는 것은 심사에 부정적인 영향을 줄 수 있으니 주의해야 한다.

[보험금 청구 프로세스]

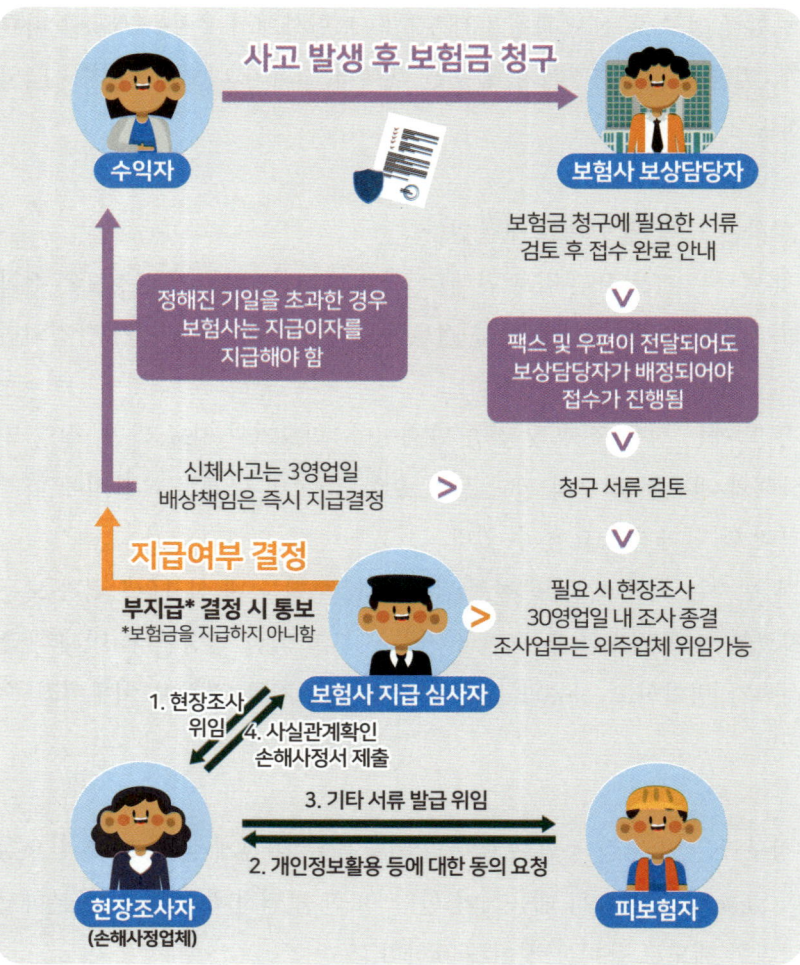

지급 거절 사유와 이의제기 방법

보험금 청구 과정에서 가장 큰 좌절은 보험사로부터 지급 거절 통보를 받았을 때이다. 그러나 이는 최종 결과가 아니며, 다양한 대응 방법이 존재한다는 점을 기억해야 한다.

지급 거절의 주요 사유는 첫째, 약관상 보장 범위에 해당하지 않는 경우이다. 둘째, 고의성 사고 또는 고지의무 위반 등의 법적 문제가 있는 경우이다. 셋째, 증빙자료의 부족 또는 허위 사실 기재가 있다.

[이의제기 절차 단계별 흐름]

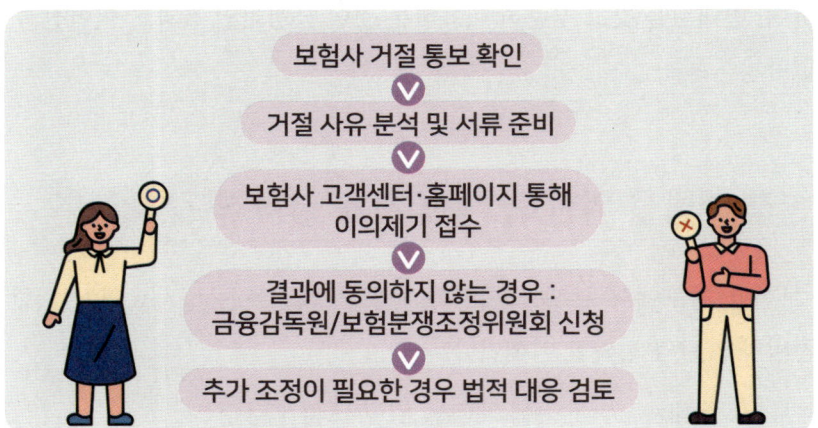

이의제기는 체계적으로 진행해야 한다. 먼저 거절 통지서를 꼼꼼히 읽고, 그 사유를 명확히 이해해야 한다. 이후 보험사 고객센터나 홈페이지를 통해 이의제기 절차를 확인한 뒤, 필요한 추가 서류를 준비하여 제출한다.

이의제기 시에는 단순히 항의하는 것이 아닌, 논리적이고 객관적인 추가 증거를 제시하는 것이 중요하다. 진단서, 소견서, 사고 입증자료 등을 근거로 왜 보험금이 지급되어야 하는지 설명해야 한다.

보험사의 1차 결정에 만족하지 못할 경우 금융감독원, 보험분쟁조정위원회 등 외부기관에 중재를 요청할 수 있다. 또한, 필요 시 변호사와의 상담을 통해 법적 대응도 고려할 수 있으나, 시간과 비용을 감안해 신중히 접근해야 한다.

감정적인 대응보다는 전문적이고 차분한 태도로 접근하는 것이 유리하며, 인내심을 갖고 꾸준히 대응하는 것이 긍정적인 결과로 이어질 수 있다.

분쟁 예방을 위한 팁: 증빙자료 철저·약관 재확인

보험금 청구에서 분쟁을 예방하기 위한 핵심은 증빙자료의 철저한 준비와 약관의 정확한 이해이다.

[분쟁 예방을 위한 핵심 팁]

분쟁 예방 전략	핵심 내용
증빙자료 철저 수집	진단서, 진료기록지, 영수증 등 원본 또는 공인 사본 확보
약관 재확인	보장 범위, 청구 조건, 면책 조항 확인
디지털 보관 및 백업	스캔본 준비, 클라우드/외장 저장장치에 백업
통신 및 제출 기록 관리	청구 관련 이메일, 우편, 전화 기록 체계적 보관

첫째, 모든 관련 서류는 빠짐없이 수집해야 하며, 진단서, 진료기록지, 영수증 등은 원본 혹은 공인된 사본이어야 한다. 단순 수집이 아닌 내용 확인과 정리까지 필요하다.

둘째, 약관을 반드시 재확인해야 한다. 많은 이들이 약관의 세부 조항을 잘 모른 채 청구하여 불이익을 당하는 경우가 많다. 보장 범위, 청구 조건, 면책 조항 등을 미리 숙지하는 것이 중요하다.

셋째, 서류의 디지털 보관과 백업도 필요하다. 원본은 물론 스캔본도 준비하여 클라우드나 외장 저장장치에 보관하는 것이 바람직하다.

넷째, 보험금 청구와 관련된 모든 통신 기록, 제출 서류의 발송 날짜, 담당자 이름 등도 체계적으로 관리해야 한다. 이는 향후 발생할 수 있는 분쟁 대응 시 중요한 자료가 된다.

보험금 청구 가이드

보험금 청구 시 유의사항

보험금 청구는 단순한 서류 제출이 아니라 전략적 접근이 필요한 절차이다. 다음의 원칙을 반드시 지켜야 한다.

청구 기한 준수: 대부분 3년 이내 청구가 원칙이며, 이를 초과하면 권리가 소멸될 수 있다.

서류의 정확성: 작은 오류도 청구 지연이나 거절 사유가 될 수 있으므로 신중히 점검해야 한다.

보험사와의 명확한 소통: 객관적인 표현으로 신속하고 정직하게 대응하는 자세가 필요하다.

약관 숙지: 보장 범위, 면책 조항, 청구 조건을 정확히 알고 청구해야 한다.

증거자료 체계적 관리: 치료 관련 영수증, 진단서, 통신기록 등은 시간 순으로 정리해 보관하는 것이 바람직하다.

감정적 대응 금지: 침착하고 이성적인 태도가 오히려 유리한 결과를 이끌어낸다.

보험금 청구 관련 자주 묻는 질문

1 언제까지 청구해야 하나?

원칙적으로 사고 발생일 또는 진단 확정일로부터 3년 이내에 청구해야 한다.

2 필수 서류는 무엇인가?

기본 서류는 청구서, 개인정보동의서, 신분증 사본, 통장 사본이며, 보험 유형에 따라 진단서, 입퇴원확인서 등 추가된다.

3 온라인 청구 가능한가?

대부분 보험사에서 모바일 또는 홈페이지를 통해 청구가 가능하다.

4 중복 청구 가능한가?

실손보험과 정액보험은 중복 청구가 가능하나, 실손끼리는 비례보상 원칙이 적용된다.

5 지급까지 얼마나 걸리나?

일반적으로 3~7일 이내, 복잡한 경우 최대 30영업일까지 소요될 수 있다.

6 진단서 없이 청구 가능한가?

소액 외래 치료비는 가능하지만, 고액이나 특정 항목은 진단서가 필수이다.

7 가족이 대신 청구 가능한가?

위임장과 가족관계증명서가 있으면 가능하다.

8 거절될 수도 있는가?

약관상 보장 제외 항목, 고지의무 위반, 면책기간 중 사고 등은 거절 사유이다.

9 추가 서류 요청 시 반드시 제출해야 하나?

보험사의 요청이 합리적이라면 제출해야 하며, 과도하다 판단되면 금융감독원에 문의할 수 있다.

10 사망보험금 청구는 누가 하나?

지정 수익자 또는 법정상속인이 가능하며, 가족관계 증명서가 필요하다.

11 해외 치료 후 청구 가능한가?

가능하나, 번역본과 함께 해외 영수증 제출이 필요하다.

12 치료 종료 후 청구 가능한가?

청구 기한 내라면 언제든지 가능하다.

13 지급 지연 시 어떻게 하나?

보험사에 문의 후, 정당한 사유가 없으면 금융감독원 민원이나 분쟁조정을 통해 대응할 수 있다.

14 자녀가 부모 대신 청구 가능한가?

대리청구인이 지정되지 않은 경우 성년후견인 지정이 필요하다.

15 추가 청구 가능한가?

같은 사고로 추가 치료가 발생한 경우 가능하다.

보험금 청구 시 가장 많이 하는 실수

 보험금을 청구하는 과정에서 많은 분들이 반복적으로 저지르는 실수들이 있다. 이러한 실수는 청구 지연, 보험금 지급 거절, 불필요한 행정 절차 등을 초래할 수 있으므로, 사전에 인지하고 대비하는 것이 중요하다.

1 가입한 보험사를 정확히 모르는 경우

 자신이 어떤 보험사에 가입했는지 정확히 기억하지 못해 잘못된 보험사에 청구하는 경우가 종종 발생한다. 이를 예방하기 위해 신용정보원이 운영하는 '내보험다보여' 사이트를 통해 본인의 보험 가입 내역을 확인하는 것이 좋다.

2 해지된 보험도 청구 가능성을 놓치는 실수

 보험이 해지되었다고 해서 반드시 보험금을 청구할 수 없는 것은 아니다. 보험사고 발생 당시 보험이 유효했다면 이후에 해지되었더라도 청구가 가능하므로, 사고 시점을 기준으로 보장 여부를 확인해야 한다.

3 계약자, 피보험자, 수익자 지정 오류로 인해 세금이 발생하는 경우

 사망보험금이나 연금보험 등은 계약자, 피보험자, 수익자 지정에 따라 세금 문제가 생길 수 있다. 수익자를 잘못 지정하면 세금 혜택을 받지 못할 수 있으므로, 가입 시 신중히 지정하는 것이 바람직하다.

4 보험사의 지급 거절을 그대로 믿고 포기하는 실수

 보험금 지급을 거절당했을 때, 보험사의 판단만을 믿고 청구를 포기하는 경우가 있다. 하지만 보험사의 결정이 항상 옳은 것은 아니므로, 약관을 직접 검토하고 전문가의 조언을 받는 것이 필요하다. 경우에 따라 금융감독원 민원 제기나 법적 대응도 고려할 수 있다.

5 청구에 필요한 서류를 제대로 준비하지 않는 실수

필요한 서류가 부족하면 보험금 심사가 지연되거나 반려될 수 있다. 특히 의료비 청구 시에는 진단서, 치료 기록, 영수증 등을 빠짐없이 챙기는 것이 중요하다.

6 보험금 청구 기한을 놓치는 실수

보험금 청구에는 기한이 정해져 있으며, 이를 넘기면 청구 자체가 불가능해질 수 있다. 일반적으로 사고 발생일 기준 3년 이내, 후유장해의 경우에는 장해 판정일 기준 3년 이내에 청구해야 한다.

7 치매보험에서 대리청구인을 지정하지 않는 실수

치매보험은 피보험자가 직접 청구하지 못하는 상황이 자주 발생한다. 이때 대리청구인을 지정하지 않았다면 성년후견인 절차를 거쳐야 하며, 이는 시간과 비용이 들 수 있다. 따라서 미리 대리청구인을 지정해 두는 것이 좋다.

8 실손보험과 정액보험의 차이를 이해하지 못하는 실수

실손보험은 실제 지출된 비용을 보장하고, 정액보험은 특정 조건에 해당할 경우 정해진 금액을 지급하는 구조이다. 이 차이를 이해하지 못하면 불필요한 중복 청구로 인해 반려될 수 있다.

9 해외에서 치료받은 경우 보험 청구를 포기하는 실수

일부 실손보험은 해외 치료비도 보장한다. 다만, 영수증 원본과 번역본이 필요하므로, 보장 여부를 확인하고 관련 서류를 준비하는 것이 중요하다.

10 후유장해 보험금 청구 시 진단서를 누락하는 실수

후유장해 보험금 청구에서 가장 중요한 서류는 후유장해진단서이다. 사고 발생 후 시간이 많이 지났더라도, 장해 판정일이 최근이라면 청구가 가능하므로 진단서를 정확히 발급받아 보관해야 한다.

11 보험금 지급 거절 시 대응 방법을 모르는 실수

보험금이 부당하게 거절되었거나 지급이 지연된 경우, 고객센터 문의 → 금융감독원 민원 → 법적 대응 순서로 절차를 진행할 수 있다. 무조건 보험사의 결정을 따를 필요는 없다.

12 보험금 지급이 지연될 경우 적절히 대응하지 않는 실수

보험사가 정당한 사유 없이 지급을 지연하는 경우에는 금융감독원에 민원을 제기하거나 법적 대응을 통해 해결할 수 있다.

13 추가 보상이 가능한데도 놓치는 실수

치료가 추가로 필요할 경우 보험금을 추가로 청구할 수 있다. 특히 실손보험은 일정 기간 내 동일 질병으로 재진료를 받을 경우 추가 청구가 가능하므로 반드시 확인해야 한다.

14 보험금 수령 후 세금 문제를 고려하지 않는 실수

 연금보험이나 사망보험금 수령 시 세금이 부과될 수 있다. 수익자를 어떻게 지정하느냐에 따라 세금 부담이 달라지므로, 사전에 충분히 고려하고 세금 혜택을 누릴 수 있도록 해야 한다.

 보험금 청구 시 실수를 줄이고 정당한 권리를 행사하기 위해서는 약관을 꼼꼼히 확인하고, 필요한 경우 전문가의 조언을 구하는 것이 현명한 방법이다.

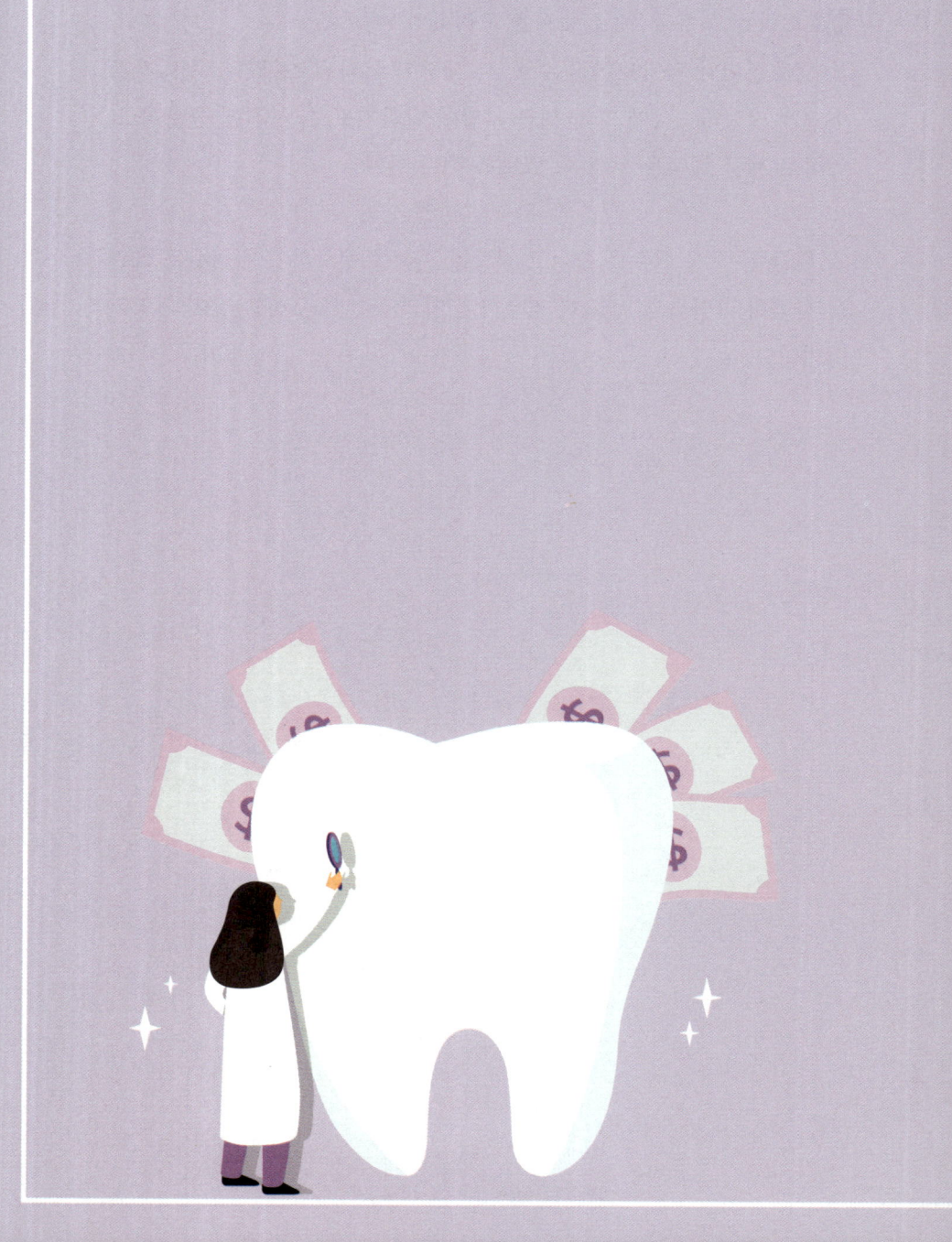

부 록

▶ 실손의료비보험 변천사

 실손의료비보험은 병원에서 발생한 실제 의료비를 보장해주는 '국민보험'이라 불릴 만큼 많은 사람들이 가입하는 중요한 보험상품이다. 실손의료비보험은 도입 이후 현재까지 세대별로 보장 내용과 구조가 크게 변화해왔으며, 각 세대별 특징을 이해하는 것은 자신에게 맞는 보험을 선택하는 데 필수적이다.

1세대 실손의료보험 (2009년 9월 이전)

 1세대 실손의료보험은 초창기 모델로 보장 내용이 상대적으로 단순하다. 입원의 경우 한 번 사고 발생 시 최대 365일까지 보장하며, 이후 180일의 면책기간을 거쳐 다시 보장이 시작된다. 통원의 경우에도 30일 보장 후 180일의 면책기간이 있다. 비급여 항목까지 보장이 가능했으나, 치과치료와 한방치료의 비급여 항목은 보장에서 제외되었다. 또한 국민건강보험법상 본인부담금 상한제를 초과하는 금액은 보장되지 않는 특징이 있다.

2세대 실손의료보험 (2009년 10월 ~ 2017년 3월)

 2세대 실손의료보험은 1세대의 단점을 보완하면서 보장 범위를 확대했다. 입원은 여전히 365일 보장이 유지되었지만, 면책기간이 180일에서 90일로 줄어들어 보장 공백이 감소했다. 통원치료는 연간 180회까지 보장되어 이용 가능한 범위가 크게 확대되었다. 그러나 치과와 한방치료의 비급여 항목은 여전히 제외되었고, 본인부담금 상한제 금액 초과분도 보장되지 않았다.

3세대 실손의료보험 (2017년 4월 ~ 2021년 6월)

3세대 실손보험은 보상한도가 구체적으로 정해졌다. 입원의 경우 사고나 질병당 5,000만 원까지 보장되며, 90일의 면책기간이 유지되었다. 통원치료는 연간 180회까지 보장되었으며, 비급여 항목도 포함되었다. 하지만 이 시기의 실손보험은 과잉 의료 이용을 억제하지 못했다는 지적을 받았으며, 비급여 항목을 포함한 광범위한 보장으로 불필요한 의료 이용이 증가하는 문제가 발생했다.

4세대 실손의료보험 (2021년 7월 이후)

최신 4세대 실손의료보험은 보장 내용이 세분화되고 자기부담금 제도가 본격적으로 도입되었다. 급여 항목은 자기부담률 20%, 비급여 항목은 30%로 설정되었다. 도수치료, 체외충격파치료, 증식치료와 같은 3대 비급여 항목은 연간 한도 내에서만 보장이 가능하다. 통원치료는 회당 30만 원 한도(외래 25만 원, 처방조제 5만 원)로 보장된다. 또한 5년마다 재가입하도록 설계되어 보험료 상승 압력이 완화되었다. 이러한 변화는 과잉 의료 이용을 줄이고 보험 체계를 효율화하기 위한 것이지만, 소비자 입장에서는 자기부담금 비율이 높아져 부담이 증가할 수 있다.

[실손보험 개혁안(5세대 실손)]

신규가입 및 약관변경(재가입)자

급여:주계약 "일반 질환자와 중증질환자"를 구분하여 급여 자기부담률 차등화

(중증질환자) 암, 뇌혈관·심장질환, 희귀난치성질환, 중증화상, 중증외상 등 국민건강보험법상 산정특례 등록자

1. 일반질환자 급여의료비
실손보험 자기부담률을 건강보험 본인부담률과 동일 적용(단, 최저 자기부담률 20% 적용 병행)

2. 중증질환자 급여의료비
선별급여(50~90%)에도 최저자기부담률(20%)만 적용

3. 임신·출산 급여의료비 신규보장
실손보험에서 임신·출산(O코드) 신규보장

의료비 최종 본인부담

● 일반질환자 외래 의료비

요양기관	건보 본인부담률(A)	현행(Ax20%)	개선(AxA)
모든 요양기관	30~60%	6~12%	9~36%
경증환자 대형병원 응급실	90%	18%	81%

● 일반질환자 입원 의료비

요양기관	건보 본인부담률	현행(Ax20%)	개선(AxA)
모든 요양기관	20%	4%	좌동

● 중증질환자 외래/입원 (최저 자기부담률만 적용)

구분	건보 본인부담률(A)	현행(Ax20%)	개선(AxA)
모든 요양기관 (외래·입원)	0~10%	0~2%	좌동
	선별급여(50~90%)	10~18%	좌동

※ 입원 의료비는 사실상 대부분 현행 수준(4세대) 유지
단, 식비(50%)와 요양병원의 선택 입원(40%) 등은 건보 본인부담률 동일 적용으로 본인 부담 증가

비급여:특약 "일반 질환자와 중증질환자"를 구분하여 급여 자기부담률 차등화

	현행(4세대) 비급여	특약1(안)	특약2(안)
적용대상	제한없음	중증·질병·상해	비중증·질병·상해
보장한도	· 年 5천만 원 · 입원 회당 한도 無 · 통원 회당 20만 원	좌동	[보장한도 축소] (예시) · 年 1천만원 · 입원(병·의원)회당 3백만 원 · 통원 일당 20만 원
본인부담	(입원) 30% (통원) Max [30%, 3만 원]	좌동	[본인부담 상향] (예시) · 입원 50% · 통원 Max [50%, 5만 원]
보험금 미지급	미용·성형 등	좌동	[보험금 미지급 사유 확대] (예시) 좌동+신규 비등재 비급여 · 3대 비급여(도수·체외·충식 등 근골격계 치료, 비급여 주사, 비급여MRI)+α
심사기준	치료목적성 심사	좌동	[심사기준 강화] (예시) 좌동+주요(예:10개) 비급여 분쟁조정기준 신설
할인할증	이용량에 따라 할인·할증 단, 중증질환 제외	좌동(제외)	[비급여 이용량에 따른 할인·할증제 유지]

약관변경 없는 초기가입자

1세대(654만건) 및 초기 2세대(928만건)
합계 총 1,582만건 ▶ 약관 변경 조항이 없어 계약 만기(100세)까지 개정 약관 적용 불가

주요(예:10개)	실손보험	필요 시
비급여 심사기준 동일적용	계약 재매입	약관변경(재가입) 조항 적용 검토 (법 개정)

[실손보험 가입시기별 특징 - ①주요내용]

	1세대	2세대			3세대	4세대
	'03.10월	'09.8(10)월	'13.1(4)월	'16.1월	'17.4월	'21.7월
구분	표준화 이전	표준화 I	표준화 II	표준화 III	착한실손	-
보험기간	80세, 100세	100세	15년 재가입	좌동	좌동	5년 재가입
갱신주기	3년, 5년	3년	1년	1년	1년	1년
담보구성	상해의료비 상해/질병 입·통원	상해/질병 입·통원 종합 입·통원	상해/질병 입·통원	좌동	기본: 상해/질병 입·통원 특약: 비급여 3개 특약	기본: 상해/질병 특약: 상해/질병/3대
자기부담금 (공제액)	자기부담 0% 약제 5천 원	입원 10% (연간 자부담 200만 원 한도), 외래 1~2만, 약제 8천 원	입원 20% (연간 자부담 200만 원 한도) 외래 1~2만 or 20% 약제 8천 원 or 20%	입원 급여 10%, 비급여 20% (연간 자부담 200만 원 한도) 외래 1~2만 or 급여 10%, 비급여 20% 약제 8천 원 or 급여 10%, 비급여 20%	좌동 특약 2만 or 30%	급여 병, 의원 1만 원 상급종합 2만 or 20% 비급여 3만 원 or 30%
보장비율	손보 100%, 생보 80%	90%	선택 급여 90% 비급여 80%	선택 급여 90% 비급여 80%	선택 급여 90% 비급여 80% 특약 70%	선택 급여 80% 비급여 70%
면책기간 (입원)	180일 (질병만)	90일	90일, 같은 질병인 경우 180일	275일 이후 90일, 275일 이내 365일	좌동 비급여 특약 한도/횟수 제한	보험차등제
상급병실	상급병실 차액 50%	상급병실 차액 50% (1일 10만 한도)	좌동	좌동	좌동	좌동
가입금액	입원 최대 1억 10만 원, 30만 원, 100만 원	입원 최대 5천만 통원 최대 30만	좌동	좌동	기본: 좌동 3대비급여특약: 도수 350 (50회) 주사 250 (50회) MRI 300만	입원 5천만 원 통원 20만 원 비급여3대특약 좌동 도수, 주사 비급여 10회 효과 확인 후 50회 한도

[실손보험 가입시기별 특징 - ②보상하지 않는 손해]

	1세대	2세대			3세대	4세대
	'03.10월	'09.8(10)월	'13.1(4)월	'16.1월	'17.4월	'21.7월
구분	표준화 이전	표준화 I	표준화 II	표준화 III	착한실손	-
치매	X	O	O	O	O	O
치질	X	O(급여)	O(급여)	O(급여)	O(급여)	O(급여)
한방병원	△(입원O, 통원X)	O(급여)	O(급여)	O(급여)	O(급여)	O(급여)
치과	△(상해O, 질병X)	O(급여)	O(급여)	O(급여)	O(급여)	O(급여)
정신과	X	△(F00-F03 보장)	△(F00-F03 보장)	O(일부 F코드 제외)	O(일부 F코드 제외)	O(일부 F코드 제외)
해외치료	O(40%)	X	X	X	X	X
자의입원	O(40%)	O(40%)	O(40%)	X	X	X
백내장	O	O	O	X	X	X
불임관련 질환	X	X	X	X	X	O(급여)
피부질환	X	X	X	X	X	O(급여)
선천성 기형	X	O(선천뇌질환면책)	O(선천뇌질환면책)	O(선천뇌질환면책)	O(선천뇌질환면책)	O(선천뇌질환보상)

▶ 운전자보험 변천사

 오늘날 자동차는 출퇴근, 장보기, 여행 등 일상 전반에 필수적인 이동수단으로 자리잡았다. 대부분의 운전자는 자동차보험에 가입하고 있지만, 단순한 자동차보험만으로는 사고 발생 시 충분한 보장을 받기 어려운 시대가 되었다. 특히 최근 몇 년 간 도로교통법이 강화되면서 운전자보험의 필요성은 더욱 커졌다.

 운전자보험은 교통사고가 발생했을 때 운전자 본인이 부담해야 할 형사적, 행정적 책임에서 비롯되는 각종 비용을 보장해주는 보험이다. 자동차보험이 타인에 대한 손해 배상에 초점을 맞춘 반면, 운전자보험은 운전자의 법률비용, 벌금, 사고처리지원금 등 본인을 위한 보장에 중점을 둔다. 이 두 보험은 상호보완적인 성격을 가지며, 함께 가입했을 때 보다 강력한 보호가 가능하다.

 최근 법 개정으로 인해 음주운전, 신호위반, 중앙선 침범 등 12대 중과실 사고에 대한 처벌이 강화되었다. 예전에는 단순 실수로 간주되던 사고도 이제는 형사처벌 대상이 되며, 이에 따른 벌금도 크게 증가한 상황이다. 이런 흐름 속에서 운전자보험은 선택이 아닌 필수로 여겨지고 있다.

 운전자보험에는 다양한 특약이 존재하지만, 모든 특약이 필요한 것은 아니다. 핵심적인 보장 항목 위주로 구성하면 보험료를 줄이면서도 실질적인 보호를 받을 수 있다. 그중 가장 중요한 항목은 '교통사고처리지원금'으로, 이는 중상해나 사망사고 시 피해자와의 형사합의를 위한 금액을 지원하는 보장이다. 보통 최대 2억 원까지 설정할 수 있어 큰 사고에도 대비가 가능하다.

또한 '변호사선임비용' 특약은 형사소송이 발생했을 때 필요한 변호사 비용을 보장하며, 최근에는 선지급 방식의 상품도 속속 출시되고 있다. 이외에도 '공탁금 보장 및 선지급 특약' 역시 주목할 만한데, 이는 합의가 어려운 상황에서 법원에 납부해야 할 공탁금을 대신 지급해주는 항목이다. 과거에는 70% 수준이 일반적이었지만, 최근엔 100%까지 선지급해주는 상품도 등장해 소비자 선택의 폭이 넓어졌다.

보험을 선택할 때는 자신의 운전 스타일, 경제적 여건, 사고 위험도 등을 종합적으로 고려해야 하며, 불필요한 특약은 과감히 제외하는 것이 좋다. 최근 출시되는 운전자보험은 대부분 갱신형 상품으로, 시간이 지나면서 새로운 담보가 추가되거나 보장 범위가 확장되기도 한다. 기존에 가입한 보험보다 최근 상품이 더 유리한 경우가 많기 때문에 주기적으로 보장을 점검하고 필요 시 리모델링하는 것도 추천된다.

한편, 일부 운전자보험은 탑승 중 사고뿐만 아니라 비탑승 중 사고까지 보장하는 상품으로 진화하고 있으며, 가입 절차 또한 간소화되어 고지 항목이 1~2개로 제한된다. 건강 상태에 민감하지 않고 약 복용 여부 정도만 확인하는 간편심사 방식이 많아 가입 문턱도 낮아졌다.

종합적으로 보면, 운전자보험은 현대 운전자에게 있어 선택이 아닌 생존 전략 중 하나라 할 수 있다. 강화된 법적 책임과 높아진 사고

위험에 대비해, 꼭 필요한 보장 항목 중심으로 현명하게 가입한다면, 사고 발생 시 큰 도움이 될 것이다.

[운전자보험 보장·변화 요약]

운전자보험이란?

자동차를 운전하는 운전자가 가입하는 선택적인 보험으로 교통사고시 발생할 수 있는 형사적 책임을 보장하는 보험입니다.

운전자보험 적정 가입금액

교통사고 처리 지원금 _____ 원

12대 중과실 또는 중상해 교통사고는 형사처벌 대상입니다.
형사합의금을 통해 사건을 원만히 해결해야 하지만 해당 사고 시 합의금이 발생할 수 있습니다.

운전자 벌금 _____ 원

과실, 의무 위반으로 교통하고 발생 시 최대 3천만 원 벌금형에 처해집니다.
특정범죄 가중처벌에 관한 법률 제 5조의 132: 어린이를 상해에 이르게 한 경우 1년 이상 15년 이하의 징역 또는 200만 원 이상 3천만 원 이하의 벌금에 처함

자동차 사고 변호사 선임비용 _____ 원

교통사고로 중상해 및 사망사고인 경우 변호사 선임비용은 필수입니다.

운전보험 변천사

2009.10
형사합의금(정액) → 교통사고처리지원금(실손/후지급)
방어비용(정액) → 변호사선임비용(실손)

2017.01
교통사고처리지원금 '후지급' → '선지급'변경

2019
2월 변호사선임비용 1천만 → 2천만원으로 한도 상향
7월 교통사고처리원금 7천만 → 1억원으로 한도 상향
(2019년 8월 운전자보험적용)

2022
10월 교통사고처리지원금 개정(공탁금 50%선지급)
12월 변호사선임비용 7천 한도상향

2023
1월 31일 변호사선임비용(경찰조사포함)
7월 24일 변호사선임비용 선지급 50%

2024
1월 교통사고 처리지원금 중대과실 30주 이상 2억 신설
9월 교통사고 처리지원금 선지급 50% → 100%변경
변호사선임비용 선지급 50% → 70%변경

▶ 암보험 변천사

암보험은 시대의 흐름에 따라 끊임없이 변화해 왔으며, 그에 따라 보험사의 보장 범위와 기준도 점차 조정되어 왔다. 1988년 처음으로 암보험이 등장한 이후, 1991년에는 '진단 급부' 개념이 도입되었고, 2000년대를 기점으로 특정 암에 대한 진단금이 별도로 설정되기 시작했다.

2003년에는 기타피부암이 유사암으로 분류되었고, 2007년에는 갑상선암도 유사암 범주에 포함되었다. 2009년에는 유방암, 자궁암, 전립선암, 방광암이 소액암으로 재분류되었으며, 2014년에는 대장점막내암이 소액암 목록에 추가되었다. 이러한 변화는 암보험 가입자에게 큰 영향을 미쳤다.

초기 암보험은 암 종류에 관계없이 동일한 보험금이 지급되는 구조였으나, 시간이 흐르면서 암의 종류에 따라 보장 금액이 달라지도록 개편되었다. 유사암과 소액암으로 분류된 암은 일반암에 비해 보장 금액이 낮아지는 경우가 많다. 예를 들어 갑상선암이나 기타피부암의 경우, 과거에는 일반암으로 분류되어 높은 진단금을 받을 수 있었으나, 지금은 유사암으로 재분류되면서 상대적으로 적은 금액만 보장받게 되는 구조다. 반면, 췌장암이나 폐암처럼 고위험군 암에 대해서는 여전히 높은 수준의 보장이 유지되고 있다.

암보험에서 또 하나 중요한 부분은 암 전이 시 보장 여부이다. 대부분의 보험사는 최초 암 진단일 이후 전이된 암에 대해서는 동일한 암으로 간주하여 추가 보험금 지급 없이 기존 보장 내에서 처리하는 경우가 많다. 예를 들어, 유방암이 골암으로 전이된 경우 골암에 대해서는 별도 보장이 되지 않으며, 최초 진단 기준으로 보장이 적용된다. 따라서 암보험 가입 전 전이암에 대한 보장 여부를 반드시 확인하는 것이 중요하다.

2012년 이후에는 간편심사 실버 암보험이 등장하면서 고령자나 유병력자도 암보험에 쉽게 가입할 수 있는 환경이 마련되었다. 기존에는 건강 상태나 병력에 따라 가입이 어려웠던 반면, 간편심사 상품은 고지 항목이 간소화되어 약 복용 여부 등 간단한 조건만으로도 가입이 가능해졌다. 이로 인해 노년층의 암보험 접근성이 크게 향상되었다.

암보험을 선택할 때는 단순히 보장 금액만 볼 것이 아니라, 보장 범위와 암의 분류 기준, 면책 기간, 보장 개시일 등을 꼼꼼히 살펴야 한다. 특히 자신이 걱정하는 암이 유사암 또는 소액암으로 분류되어 있는지 확인해야 하며, 가입 직후 일정 기간 내 암 진단 시 보장에서 제외되는 경우도 있기 때문에 해당 조건들을 정확히 숙지하는 것이 필요하다.

최근에는 보험사별로 다양한 암보험 상품이 출시되어 선택의 폭이 넓어졌다. 전이암이나 재발암을 별도로 보장해주는 상품, 면역항암제나 표적항암치료 같은 고비용 치료까지 지원하는 상품도 등장하고 있다. 이러한 보장 범위를 잘 따져보고, 본인의 건강 상태나 가족력, 경제적 여건 등을 종합적으로 고려해 가장 적합한 상품을 선택 하는 것이 바람직하다.

결론적으로 암보험은 시대의 변화에 따라 발전해온 만큼, 가입자도 그 흐름을 잘 파악하고 자신의 상황에 맞는 상품을 선택해야 한다. 유사암, 소액암, 전이암에 대한 조건은 물론, 보장 개시일과 면책 기간까지 꼼꼼히 따져보는 것이 경제적 손실을 줄이고 효과적인 대비를 가능하게 한다. 암보험은 단순한 진단금 지급이 아닌, 치료 이후까지도 안정적인 생활을 위한 중요한 안전망이 되어야 한다.

[시대별 암보험 상품 변경사항]

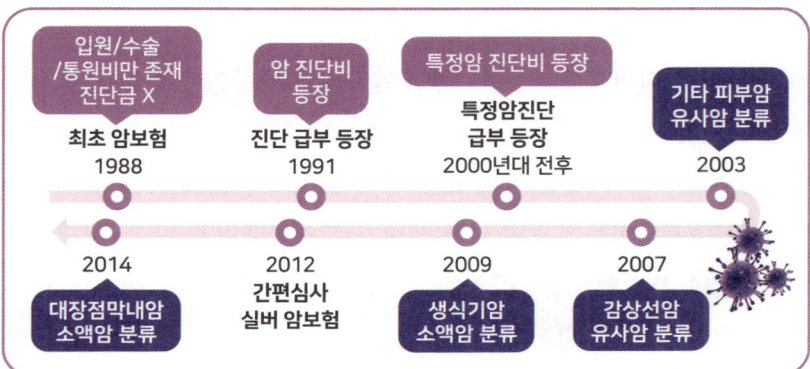

주요변경1 유사암, 소액암 기준

2003년	기타피부암 유사암 분류
2007년	갑상선암 유사암 분류
2009년	유방, 자궁, 전립선, 방광 소액암 분류
2014년	대장점막내암 소액암 분류

※ 보험사마다 기준이 다를 수 있습니다.

주요변경2 암 전이 된 경우

암 보장 개시일

유방암 진단 확정 → 골암 진단 확정

암보장개시일 이후
최초 진단된 암으로 보면 **암보험금 지급 대상**

원발암인 유방암 기준으로 판단하면 암보장개시일
전의 암의 진단 확정에 해당하여 **보험계약 무효**

암보장개시일 이후 최초 진단된 암에 해당?

~2011년 3월	2011년 4월~2020년 12월	2021년 1월~
원발 부위 상관없이 암 진단비 지급	원발 부위 기준 조항 신설 이차성암의 원발 부위가 확인 시 원발 부위 암 진단비 지급	원발 부위 기준 세부 내용 명시

▶ 종신보험 변천사

종신보험은 사망 시 유가족에게 보험금을 지급하는 전통적인 보장성 보험으로, 한때는 자산관리와 상속설계 수단으로도 각광받았던 상품이다. 단순히 사망에 대한 대비책을 넘어서, 재무설계와 가족의 미래를 함께 고민하는 이들에게 중요한 선택지로 자리매김해 왔다. 국내에서는 1998년 푸르덴셜생명이 처음으로 종신보험을 출시하면서 시장의 문을 열었다. 이는 당시 보장 중심의 보험 상품이 드물던 상황에서 새로운 금융 상품의 등장을 의미하는 것이었고, 이후 여러 생명보험사들이 본격적으로 종신보험 판매에 뛰어들며 보장 중심의 보험상품이 점차 확산되기 시작하였다.

2001년에는 투자성과를 반영하는 변액종신보험이 출시되었다. 이는 보험과 투자를 결합한 상품으로, 단순히 사망 보장만을 제공하는 데 그치지 않고, 투자에 따른 수익을 통해 자산 증식 효과까지 기대할 수 있다는 점에서 주목받았다. 장기적인 자산 운용을 염두에 두고 있는 고객들에게는 보다 유연하고 미래지향적인 상품으로 평가되었으며, 특히 저금리 시대에 대안적 수단으로 떠오르게 되었다.

2002년부터는 기존의 단순한 사망보장에서 벗어나 중대한 질병 진단시 보험금을 선지급하는 형태의 종신보험이 등장하였다. 이로써 사망 전 치료자금이나 생전 보장을 강화할 수 있는 실용적인 종신보험 설계가 가능해졌으며, 고객들은 단순한 보장을 넘어 실질적인 생활 안전망으로 종신보험을 활용할 수 있게 되었다. 이러한 변화는 질병과 생존에 대한 우려가 커지는 사회적 분위기와도 맞물리면서 많은 관심을 끌었다.

 2003년에는 고객이 보험계약의 해지환급금을 유연하게 운용할 수 있는 유니버셜 기능이 추가되었다. 유니버셜 종신보험은 추가납입과 중도인출이 가능해지면서, 단순히 사망보험금만을 위한 상품이 아닌, 자금 운용 수단으로의 활용도 가능해졌다. 고객은 필요 시 자금을 일부 인출하거나, 여유 자금을 추가로 납입함으로써 자산 운용의 유연성을 확보할 수 있게 되었고, 이는 종신보험이 단순한 보장의 틀을 넘어 복합적인 금융상품으로 자리 잡는 데 기여하였다.

 2015년에는 저해지·무해지환급형 종신보험이 출시되었다. 이 상품은 초기 해지환급금을 줄이거나 없애는 대신, 동일한 보장에 대한 보험료 부담을 낮출 수 있도록 설계된 것이 특징이다. 특히 보험료 부담이 부담스러웠던 고객들에게는 현실적인 대안이 되었으며, 장기 유지 시에는 충분한 보장을 받을 수 있게 되었다. 이는 보험을 오래 유지할 수 있는 소비자에게 더 유리한 구조로, 보험의 장기성에 대한 이해와 인식을 넓히는 데에도 영향을 미쳤다.

 2023년에는 단기납 종신보험이 새롭게 출시되었다. 이는 5년, 10년 등 짧은 납입 기간을 선택할 수 있어 빠르게 납입을 마치고 종신 보장을 받을 수 있는 상품이다. 특히 보험료 납입에 대한 부담을 빠르게 해소하고자 하는 고소득층이나 자산가들의 수요로 인해 종신보험 시장에 다시 한 번 활기를 불어넣은 계기가 되었다. 단기납 상품은 재무 계획에 있어 유연성과 집중 납입을 중요시하는 고객들에게 특히 적합한 구조로, 시장 내 다양한 니즈를 반영한 진화형 종신보험으로 평가받고 있다.

2024년에는 유병자 전용 종신보험이 출시되었다. 이 상품은 과거 병력이 있는 사람들도 일정 요건만 충족하면 가입이 가능하도록 설계되어, 보다 많은 사람들이 사망 보장을 준비할 수 있도록 문턱을 낮췄다는 점에서 의의가 있다. 특히 고령화 사회로 접어든 지금, 건강에 대한 염려로 보험 가입에 어려움을 겪던 이들에게 새로운 희망이 되었으며, 보험의 포용성을 넓히는 긍정적인 변화로 주목받고 있다.

이처럼 종신보험은 단순한 사망보장에서 시작하여 진단금 선지급, 투자 기능, 유연한 자금 운용, 보험료 절감, 단기납입, 유병자 보장 확대까지 시대의 흐름에 따라 지속적으로 진화해온 상품이다. 사회적 변화, 고객 니즈, 금융 환경의 변화에 발맞추어 종신보험은 그 형태와 기능을 확장해왔으며, 앞으로도 고객의 생애 주기와 보장 니즈에 따라 더욱 다양한 형태로 발전해 나갈 것으로 기대된다.

[종신보험의 변천사]

제 10회 경험생명표 변경	2024	유병자 종신보험 출시
	2023	단기납 종신보험 출시
제 8회 경험생명표 변경 고연령 사망률 하락으로 보험료 인하 효과	2015	저해지/무해지 환급형 종신보험 출시
	2010	사망보장 준비금을 저축보험 적립금으로 전환 가능한 종신보험 개발
방카슈랑스 4단계인 종신보험 판매 철회	2008	
표준이율 추가인하(4.75% → 4.25%)로 예정이율 인하 변액유니버셜 종신보험 판매 활성화	2005	
제 8회 경험생명표 변경 고연령 사망률 하락으로 보험료 인하 효과	2004	표준이율이 4.75%로 인하되어 보험사 예정이율 인하
유니버셜 기능을 추가한 종신보험 상품 등장	2003	
	2002~	삼성생명 CI형 종신보험 최초 판매시작
생보사의 이차 역마진 이슈로 두 차례에 걸친 예정이율 인하로 보험료 큰폭으로 상승 - 4월 : 7.5% → 6.5% 하락 - 8월 : 6.5% → 5.5% 하락	2001	변액종신보험 출시
	1999~2000	국내 BIG3 생보사의 종신보험 판매급증 손보사도 80세 만기 장기상품을 개발 및 판매
푸르덴셜생명 종신보험 판매 성공	1998	

▶ **뇌혈관질환보험 보장범위**

코드		질병명	뇌혈관질환	뇌졸중	뇌출혈
I60		지주막하출혈	O	O	O
I61		뇌내출혈	O	O	O
I62		기타 비외상성 두개내출혈	O	O	O
I63		뇌경색증	O	O	
I64		출혈 또는 경색증으로 명시되지 않은 뇌졸중	O		
I65		뇌경색증을 유발하지 않은 뇌전동맥의 폐쇄 및 협착	O	O	
I66		뇌경색증을 유발하지 않은 대뇌동맥의 폐쇄 및 협착	O	O	
I67		기타 뇌혈관질환	O		
	I67.0	파열되지 않은 대뇌동맥의 박리	O		
	I67.1	파열되지 않은 대뇌동맥류	O		
	I67.2	대뇌죽상경화증	O		
	I67.3	진행성 혈관성 백질뇌병증	O		
	I67.4	고혈압성 뇌병증	O		
	I67.5	모야모야병	O		
	I67.6	두개내정맥계통의 비화농성 혈전	O		
	I67.7	달리 분류되지 않은 대뇌동맥염	O		
	I67.8	기타 명시된 뇌혈관질환	O		
I68		달리 분류된 질환에서의 뇌혈관장애	O		
	I68.0	뇌아밀로이드혈관병증	O		
	I68.1	달리 분류된 감염성 및 기생충성 질환에서의 대뇌동맥염	O		
	I68.2	달리 분류된 기타 질환에서의 대뇌동맥염	O		
	I68.8	달리 분류된 질환에서의 기타 뇌혈관장애	O		
I69		뇌혈관질환의 후유증	O		

▶ 심장혈관질환보험 보장범위

코드	질병명	심장질환	허혈심장질환	특정허혈심장질환	급성심근경색
I00~I02	급성 류마티스열	O			
I05~I09	만성류마티스 심장질환	O			
I20	협심증	O	O		
I20.0	불안정협심증	O	O		
I20.1	연축의 기재가 있는 협심증	O	O	O	
I21	급성심근경색증	O	O	O	O
I22	이차성 심근경색증	O	O	O	O
I23	급성심근경색에 의한 특정 현존 합병증	O	O	O	O
I24	기타 급성 허혈성 심장 질환	O	O		
I24.0	심근경색증을 유발하지 않은 관상동맥혈전증	O	O	O	
I24.1	드레슬러 증후군	O	O	O	
I25	만성 허혈성 심장병	O	O		
I26~I28	폐성 심장병 및 폐순환의 질환	O			
I30~I52	기타 형태의 심장병	O			
I47~I49	부정맥	O			
I50	심부전	O			

▶ 암 질병코드 및 진단비 분류

코드	부위	통합암	코드	부위	통합암
C00~14	구강	일반	C53~54	자궁경부, 체부	소액암
C15	식도	5대 고액	C55~58	자궁, 난소, 생식기	일반
C16	위		C60	음경	
C17	소장		C61~62	전립선, 고환	소액암
C18	결장	일반	C63~64	남성생식기, 요로	일반
C19~20	직장		C65~67	신우, 요관, 방광	소액암
C21	항문		C68	비뇨기관	일반
C22	간, 담관	10대 고액	C69	눈	
C23	담낭	10대 고액	C70~72	수막, 뇌, 척수	3대 고액
C24	담도	10대 고액	C73	갑상선	유사암
C25	췌장	5대 고액	C74~75	부신, 내분비	일반
C26	소화기관		C76	부위불명암	
C30~31	코	일반	C77	림프절의전이	전이암
C32	후두		C78	호흡, 소화기관전이	
C33	기관		C79	상세불명전이	
C34	기관지, 폐	10대 고액	C80	부위불명전이	
C37	흉선		C81~86,88	림프종	3대 고액
C38	심장, 흉막	일반	C90~96	골수암, 백혈병	
C39	호흡기		C97	여러 부위 원발암	일반
C40~41	골, 연골	3대 고액	D45~46, D47.1	골수, 혈액이상 증후군	3대 고액
C43	피부	유사암			
C45~46	중피종, 육종		D47.5	과호산증후군	
C47	말초, 자율신경	일반			
C48	복막				
C49	연조직				
C50	유방	소액암			
C51~52	외음, 질	일반			

▶ 후유장해 이해

장애란?
장애란 '신체기관이 본래의 제 기능을 하지 못하거나, 정신 능력에 결함이 있는 상태'라고 정의

장해란?
'보험약관'상에 '상해 또는 질병에 대하여 치유된 후 신체에 남아있는 영구적인 정신 또는 육체의 훼손 상태를 말한다'라고 명시

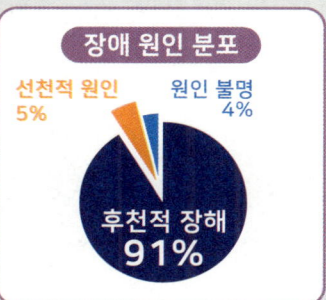

장애 원인 분포
- 선천적 원인 5%
- 원인 불명 4%
- 후천적 장해 91%

보험 약관상 신체별 후유장해

눈(좌, 우)	귀(좌, 우)	코	말하는 기능 (씹어먹는 기능)	외모	척추

체간골	팔 (좌, 우)	다리 (좌, 우)	손가락 (좌, 우)	발가락 (좌, 우)	장기 (흉복부, 비뇨기)	신경계 (정신행동장해)

후유장해 시 보장되는 보험 특약

교통사고로 후유장해 발생한 경우	질병, 상해사고로 후유장해 발생한 경우
자동차보험 (상대방 과실) 대인 배상 특약 (단독사고) 자기신체사고 특약 **교통사고 시 개인 장기보험의 상해 후유장해 특약으로도 보상 가능**	개인 장기보험 (건강보험, 상해보험) **질병/상해 후유장해 특약**

**치과위생사의 보험청구로
돈 버는 기술**

발행일   2025년 04월 14일

지은이   신해청
펴낸이   남성현

편집·디자인   보케어

펴낸곳   보케어   출판등록   2024년 7월 4일(제2024-000015호)
        부산광역시 남구 수영로 312, 2028호
        1566-4875

ISBN   979-11-990658-3-3 (종이책)   979-11-990658-6-4 (전자책)

· 인쇄·제작 및 유통상의 파본 도서는 구입하신 서점에서 바꿔드립니다.
· 이 책의 전부 또는 일부 내용을 재사용하려면 반드시 사전에 저작권자와 (주)에프피하우스의 동의를 받아야
  합니다.